30 Años Después

(La Historia de Esteban y Raquel)

Emilio Rivera Pérez

ISBN: 978-1-59608-940-2

Impreso en:
Bibliográficas

Creador de Portada:
Samuel Amadeo

Correctora del libro:
Yara I. Alma

Primera Edición 2011

Emilio Rivera Pérez
Urb. Campo Rey D-8
Aibonito, P R 00705

Tel.787-735-4981
Cel.787 696-5518

email-emialdeanos@aol.com

Indice

30 Años Después

(La Historia de Esteban y Raquel)

1. Dedicatoria...i

2. Introducción...ii

3. Texto del libro 30 Años Después
   (La Historia de Esteban y Raquel)..................................1

Dedicatoria

A ti, porque fuiste la fuente inspiradora para que escribiera este libro. Me permitiste usar los diálogos de muchos días de conversación de chateo y otras, como base para desarrollar mi historia y escribir el libro. Aunque la mayoría de las conversaciones son verídicas, otras fueron inventadas por mí.

Luego de haber leído la historia del maestro de Sur América y su estudiante, Dios te puso en mi camino para crear mi propia historia.

Muchas gracias. Te estaré eternamente agradecido.

Emilio Rivera Pérez

Autor.

Introducción

Esta historia que cuento en esta novela me sirvió de inspiración un relato que leí a través de la internet sobre un maestro de una escuela de Sur América. Él en su clase tuvo una estudiante muy simpática y bonita y desde el primer día que la vio le cautivó su hermosa sonrisa.

Siempre la trató con mucho respeto de profesor a estudiante y lo mismo ella hacia él. Finalizado el año escolar no supo más de ella, hasta muchos años después ella se comunicó con él a través de FaceBook y él la pudo reconocer por la sonrisa y hablaron de sus respectivas vidas.

Pasó un tiempo que él no se comunicaba por la internet con ella porque se encontraba en otro pais. Un día apareció ella de nuevo en FaceBook y de nuevo surgió la conversación entre ellos y de ahora en adelante se comunicaban casi todos los días inclusive por teléfono.

Fue tanto lo que hablaban y se contaban que él se enamoró de ella y se lo manifestó, pero ella le ripostó que siempre lo admiraba mucho como su maestro que fue y además que él era un hombre casado.

Esta historia me dio vueltas en mi cabeza y quería escribir algo parecido ya que fui maestro de estudios sociales en una escuela intermedia en mi pueblo de Aibonito, Puerto Rico. También hubo estudiantes que me llamaban la atención por alguna carecterística en particular, la sonrisa, la forma de ser y por qué no, la belleza de algunas.

Pero siempre las traté con el debido respeto de maestro a estudiante.

Dicen que el Señor obra por diferentes senderos. Una noche como de costumbre yo estaba frente a mi computadora viendo los amigos que estaban conectados o me saludaban a través de FaceBook.

No aparecía la persona indicada para empezar a escribir mi historia. De pronto aparece esta chica, me saluda y me pregunta que cómo estaba y si la reconocía. Tardé un momento pero aquella sonrisa yo la conocía y le dije tú eres Raquel. Yo te di clase hace como treinta años y exactamente era ella. Hablé un rato con ella y me dijo que vivía en los Estados Unidos y me contó cosas de su vida.

Pasó un tiempo en que no se volvió a comunicar y una noche de nuevo apareció en mis amigos de FaceBook y de nuevo hablámos. Había encontrado la persona ideal para escribir mi historia, se trataba de Raquel se lo comuniqué a ella y le gustó la idea de ser la protagonista de un libro o novela.

Usando la historia que había leído sobre el maestro de español de esa escuela de Sur América, decido escribir la historia de Estéban y Raquel. Usando la inventiva cree unos diálogos con estos dos supuestos personajes pero usando el internet. Mediante el chateo a través de la computadora y llamadas teléfonicas.

Aunque en la novela hay mucha ficción en la trama, especialmente en lo del viaje. Pero el autor usando su imaginación e inventiva creó el personaje, el viaje y la relación que tuvieron los protagonistas.

Los diálogos son verídicos y se transcribieron tan exactos como ocurrieron durante muchas noches de chatear o comunicarse por internet con Raquel.

Estuvimos chateando por muchos meses casi a diario y en base a esas comunicaciones fui escribiendo lo que titularía la “30 Años Después”(La Historia de Estéban Y Raquel).

Quiero agradecerle a Raquel y que vive en los Estados Unidos por los pasados treinta años que haya colaborado conmigo para hacer realidad este proyecto usando el concepto del chateo por internet y el diálogo por teléfono.

Espero que disfruten esta historia de realidad y ficción titulada ‘’30 Años Después” (La Historia de Estéban y Raquel) la escribí con mucho entusiasmo usando un concepto nuevo que yo le digo chateo. No sé si el término está aceptado por la Real Academia de la Lengua Española, pero se refiere al dialogo que entablan dos personas a traves de la internet mediante mensajes que se escriben a través de la computadora.

Emilio Rivera Pérez

Autor

30 Años Después

La Historia de Esteban y Raquel

Esta historia comienza hace treinta años atrás y tuvo lugar en una escuela intermedia de un pueblo de Puerto Rico. Esteban era un maestro de español a nivel secundario en dicha escuela. Raquel era una jovencita de catorce años que estudiaba el octavo grado en esa escuela.

Desde el primer día que Raquel entró a tomar la clase de español con el maestro Esteban, algo de ella llamó la atención del maestro: su hermosa sonrisa. Raquel era una jovencita de mediana estatura y delgada, muy simpática y se daba a querer por todo el que la trataba.

Durante ese año escolar, ella se relacionó muy bien y con mucho respeto hacia el maestro Esteban a quien llamaba ''míster Esteban''. Era una estudiante que realizaba su labor escolar bien y cumplía con lo exigido en la clase de español. Al final, obtuvo una B como nota de calificación en su clase.

Pasado el año escolar, Raquel ingresó a la escuela superior para terminar sus años de estudiante en la escuela pública. De vez en cuando, Esteban veía a Raquel y le saludaba, y siempre esa hermosa sonrisa estaba grabada en su memoria.

Años después, Esteban no supo más de Raquel, quien se había casado con un joven e ido a vivir a los Estados Unidos. Procreó dos hijos de esa relación, que duró veintidós años, durante los cuales ella nunca fue respetada ni amada por su esposo. Ocurrió lo que tenía que ocurrir: la separación y el divorcio.

Ella, por ser una mujer muy responsable, luchó desesperadamente contra viento y marea para salir hacia adelante con sus hijos. Luego de vivir por muchos años en el estado de Nueva York, decidió cambiar de ambiente y se mudó al estado de Pensilvania donde vive desde hace más de doce años.

Por su esfuerzo y tenacidad, logró estudiar y hoy labora en una empresa de comestibles y es una profesional exitosa. Sus retoños, una hembra de veinte años y un joven de quince son su mayor tesoro, a quienes dedica casi todo su tiempo. Tan es así, que lleva más de ocho años separada y no ha habido tiempo para un nuevo amor.

Aunque ella no cierra las puertas de su corazón al amor, aspira a que el hombre que gane de nuevo su amor la valore, la respete y le dé el lugar que ella se merece como mujer.

Esteban, por su parte, siguió dando español en su escuela donde era un maestro muy querido por sus estudiantes por su forma de ser con ellos y jamás supo de la vida de Raquel. Pasaron los años y él se retiró del magisterio.

Un día, Esteban entró a su página de la red social FaceBook y, para su sorpresa, una persona lo reclamó como su amigo y le preguntó, “Míster ¿Se acuerda de mí?”

Pasaron unos minutos y después de tantos años (más o menos treinta), Esteban reconoció aquella sonrisa. Le respondió, "Tú eres Raquel. ¿Cómo estás?"

—Bien, me alegro de saludarlo.

—¿Dónde estás viviendo?

—En el estado de Pensilvania. Y usted ¿cómo se encuentra? ¿Ya se jubiló de maestro?

—Estoy lo más bien. Hace unos cuanto años que me retiré del magisterio. Me imagino que te casaste.

—Sí, tengo una hija y un hijo. Pero mi matrimonio fue un fracaso y hace ocho años que me divorcié.

—¿Qué no funcionó en tu matrimonio?

—Yo hice todo lo posible por mantenerlo, pero mi esposo nunca me valoró como mujer. Y después se arrepintió, pero ya era muy tarde y el amor se acabó.

—Pero tú eres una mujer joven y bonita, y más tarde, puedes rehacer tu vida con otra persona.

—Parece que no porque ya llevo ocho años sola y no ha aparecido la persona indicada. Y usted ¿qué está haciendo?

—Hago varias cosas pero no trabajo mucho, me quedo de vago y me pagan, ja, ja, ja.

Hablaron por buen rato de la vida de cada uno y se despidieron y no volvieron a comunicarse por FaceBook en mucho tiempo.

Una noche, Esteban se encontraba en un negocio de su pueblo donde se realizan todo tipo de actividades.

Esa noche estaban celebrando en el local una actividad conmemorando los veinticinco años de una clase graduada de la cual muchos de los estudiantes habían sido discípulos del maestro Esteban.

Como todos sus estudiantes terminaban siendo amigos de Esteban, al verlo en la barra del local, vinieron a saludarlo.

—"Hola maestro ¿cómo se encuentra?", abrió uno la conversación.

—Muy bien ¿Y ustedes? ¿Están de fiesta?

—Es que tenemos la reunión de la clase, el veinticinco aniversario.

—¡Wow! ¡Como pasa el tiempo! Si yo les di clase los otros días. Parece que fue ayer, como dice la canción.

Como siempre sucede con los estudiantes, cuando han pasado varios años y encuentran a sus maestros, empezaron a recordar anécdotas de lo que ocurría en el salón de clases y a hablar de los compañeros que hacía años que no veían y del lugar desde el que vinieron para la actividad.

Hablaron de otras cosas. Esteban recordaba que esa clase era la de aquella jovencita, cuya sonrisa siempre le cautivó y preguntó por ella.

—Esa clase era la de Raquel si no me equivoco.

Wilma, que era una de las estudiantes que estaba hablando con él, le dijo que Raquel se encontraba allí, en la actividad, y que había venido desde los Estados Unidos.

—¿Tú me puedes hacer el favor de decirle a ella que la quiero saludar? —le pidió Esteban a Wilma

—Yo se lo digo, maestro. Espere un momento.

Pasaron varios minutos y apareció Wilma con Raquel. Esteban sintió la misma sensación del primer día en que vio a Raquel con su inconfundible sonrisa. Lo primero que hicieron fue darse un efusivo abrazo.

—Hola, míster Esteban, mi querido maestro. Tanto tiempo que no lo veía.

—Lo mismo digo yo, aunque supe de ti por los amigos de FaceBook que tú me saludaste hace mucho tiempo.

—Sí, recuerdo. Pero usted se ve igual.

—No tanto. Con unas libritas demás y unas canas también.

Pero tú te mantienes muy bonita y esa sonrisa tan única de ti que enamoras a uno al sonreír.

—Ay, míster, gracias por el piropo.

Hablaron un rato más y ella se despidió para seguir disfrutando de su fiesta.

Luego de esa noche Esteban, no supo nada más de Raquel, pero él presentía que en algún momento sus vidas se encontrarían. Pasaron varios meses y una noche Esteban entra a FaceBook, como lo hacía todas las noches, para ver y saludar amistades que le aparecían en la pantalla de su computadora.

Nuevamente, le apareció Raquel y le envió el mismo saludo.

—¿Cómo está míster? ¿Se acuerda de mí? —dijo ella.

—Definitivamente me acuerdo de ti. Si esa sonrisa es inconfundible. Te vi en la actividad de la clase el año pasado.

—Yo, trabajando mucho para sacar hacia adelante a mis dos hijos.

—Allá hay que trabajar y bien fuerte, y más si uno está sola y lejos de la familia —le dijo él.

—Lo malo aquí es la soledad. Aunque comparto con mis hijos, pero la falta de un compañero hace que uno se sienta sola.

—Te entiendo porque, aunque yo estoy casado, me siento muy sólo también. Mi esposa trabaja de lunes a sábado, dormimos en cuartos separados, no tenemos intimidad y casi no nos vemos.

Desde ese momento en adelante, Esteban y Raquel comienzan a comunicarse casi a diario, por FaceBook o por teléfono. Se cuentan infinidad de cosas uno al otro y es tanta la comunicación y la afinidad entre ellos que Esteban se enamora de ella.

Luego de un tiempo, le manifiesta a Raquel ese sentimiento que ha nacido en él por ella. Pero Raquel le indica que ella lo ve como aquel maestro que le enseñaba la clase de español y que no puede mirarlo con otros ojos y que, además, él sigue casado.

Dos meses han pasado desde que Esteban y Raquel se han seguido comunicando. Raquel todo los días recibe de él un mensaje positivo donde le resalta las cualidades como mujer que tiene, además de que le hace referencia a su belleza interior y exterior. Ella le manifiesta que le agrada mucho lo que él le escribe todos los días y se está acostumbrando a esos mensajes.

Mensajes tales como:

1. Que triste es la realidad cuando uno despierta de un sueño maravilloso y ese sueño eres tú.

2. La honestidad y la verdad son características inviolables de un ser humano. Por eso te admiro tanto, porque sé que eres una mujer honesta y siempre con la verdad de frente. Por favor, no dejes de ser así porque me desilusionaría de ti.

3. Qué lindo es el amanecer cuando una flor como tú adorna un corazón como el mío que está triste.

4. El triunfo se logra con sacrificio y esfuerzo. Tú eres una triunfador. Has logrado el triunfo sola.

5. La vida es un camino inmenso y hay que llegar hasta el final. Nunca te detengas no importa los obstáculos que encuentres. Derrúmbalos y vas a triunfar.

6. Algunos seres humanos poseen estos tres elementos: fuerza física, menta y espiritual. Tú posees los tres y tus ejecutorias lo dicen. Aunque, además, tienes un cuarto elemento que es tu belleza especial.

7. Tú eres como el lucero mañanero, que llena de luz un día radiante y de alegría el que está falto de felicidad.

8. Sé que tendrás un bonito día porque, al levantarte y abrir tus bellos ojos, alumbrarás el horizonte y con tu hermosa sonrisa harás reír al sol.

9. Como envidio tu almohada cada noche, donde posas tu cabeza para dejarle saber tus sentimientos, sueños y pensamientos.

10. Las estrellas alumbran el universo con su luz natural. Tú eres una estrella porque alumbras mi corazón y lo haces vibrar.

11. Sólo una persona como tú volvió a despertar en mí estos sentimientos, luego de haberte conocido como mujer.

12. La felicidad a veces es inalcanzable—a veces se logra, a veces no—pero siempre debemos luchar por ella.

13. Sé que te sientes sola y a veces agobiada, pero detente y mira detrás de ti y verás que hay otros seres humanos que se sienten peor.

14. Tú eres una mujer agraciada dos veces, porque el Señor te dio belleza interior y belleza exterior, y de ñapa la sonrisa más hermosa de mujer alguna.

15. La capacidad del ser humano se mide por la forma de ser, actuar y pensar. Tú eres un ser maravilloso, actúas de acuerdo a los dictados de tu corazón. Y eres una mujer pensante. Por todas esas cosas, eres una mujer de una gran capacidad.

16. Esa fortaleza de mujer que tienes se debe a que no existe temor en ti, siempre di, 'yo puedo' y lo vas a lograr. Olvídate del qué dirán y sé tú misma.

17. Las flores reflejan la alegría de las plantas. Tú eres una flor. Por eso, eres la alegría de tu hogar y de tus hijos.

18. Si encontrara una lámpara mágica con un genio adentro, le pediría un sólo deseo, siempre conservar en mi corazón una flor como tú.

19. La virtud es una de las cualidades que engrandecen al ser humano. Qué bonito es compartir contigo, porque tú estás llena de virtudes.

20. Para un hombre que se siente tan solo como yo, tu amistad ha sido un bálsamo que llena parte de mi vida. Gracias por darme ese ratito de felicidad.

21. Tú tienes muchas cosas bonitas. Por estas tres te distingues: tu sonrisa, tu belleza interior y exterior y tu personalidad. Cultívalas como se cultiva una planta, para que siempre te den frutos que son la admiración y el respeto de los demás.

22. Sé que no es fácil para ti luchar sola y sacar tu familia hacia delante, pero tú eres una mujer de una fuerza interior increíble, nunca digas 'no puedo'. Por tus ejecutorias, has podido triunfar e imponerte. Voy a ti.

23. Espero que este día sea maravilloso para ti. Disfrútalo y siempre sé una mujer positiva—por tu salud emocional y espiritual.

24. Quizás hoy te agobie la soledad, pero tú eres un ser que irradias luz y espiritualidad. Piensa en tus seres queridos y nunca estarás sola, porque siempre habrá alguien pensando en ti.

25. En este día quiero saludarte y desearte que lo pases espectacular por ser una mujer maravillosa. Nunca te sientas sola porque eres especial.

Esteban le hizo una invitación a Raquel para que viniera a Puerto Rico y celebrara su cumpleaños. Al principio, a ella le encantó la idea, pero por ser una fecha próxima al comienzo de las clases de su hijo, se le hacía imposible venir.

Mientras tanto, han seguido chateando por la Internet casi todos los días. A Esteban se le ocurre la idea de ir a visitar a Raquel a los Estados Unidos. Ella le indica que podía ir, pero no para su casa porque allí vivían sus hijos y ella lo quería como su maestro y amigo. Él le contestó que era consciente de eso y le indicó que le buscara un hotel donde quedarse.

El único problema era que ella trabajaba durante la semana y que no podía darle la atención que él ameritaba. Sin embargo, a Esteban lo que le interesaba era ir a allá, compartir con ella y hablar sobre su vida allá y terminar esa parte de la historia que está escribiendo. Podría ir por un fin de semana.

Todo estaba planeado por Esteban cuando, de momento, surge un inconveniente y es que la señora madre de Raquel le indica que piensa ir a visitarla en la misma época en que él pensaba ir. De repente, hay que cambiar los planes o suspender el viaje.

Esteban ya había iniciado las gestiones para comprar los boletos aéreos, pero al saber lo que le indicó Raquel con relación al viaje de su mamá, procedió no hacerlo y esperar a ver qué sucedería con el viaje.

Recibió un mensaje de correo-e de Raquel, donde ella le explicaba que ella no había estado al tanto de la visita de su mamá, que no fuera a pensar que se trataba de una excusa de ella para que él no viniera, y al despedirse, le indica que espera verlo pronto por allá.

Al leer el mensaje, Esteban se entusiasmó de nuevo con el viaje y espera que ella le indique la fecha en que su mamá piensa visitarla para hacer planes de nuevo y escoger otra fecha para hacer el viaje. Pero ya no se está haciendo muchas ilusiones con el viaje, porque pueden surgir otros inconvenientes.

Ya Esteban tiene todo planeado por si se da el viaje y así se lo hizo saber a sus familiares, aunque con ciertas variantes con relación al viaje.

El Día de las Madres, le envió un mensaje muy bonito a Raquel a través del correo-e, donde la felicitaba por ese día tan especial y a la vez resaltaba las cualidades como madre de ella. Más tarde, la llamó por teléfono para felicitarla personalmente y notó cierto grado de frialdad en las palabras de Raquel, por lo que rápido le cortó la comunicación. También notó que no le había contestado su mensaje, lo cual siempre hacía.

A pesar de todo esto, Esteban estaba muy agradecido de Raquel porque, por los últimos dos meses, le había servido de consuelo en su soledad, dado que se comunicaba con él a diario, unas veces por correo-e, otras por teléfono. Eso había sido un aliciente en la vida de él y disfrutaba mucho de su compañía, aunque fuera vía la Internet.

Además, había podido conocer a una mujer pura y de buenos sentimientos, que con su personalidad y carisma había hecho un cambio en él en todos los sentidos de la palabra. Ahora, se sentía más motivado, con más energía, con deseos de disfrutar más la vida y hasta con ganas de ponerse en forma haciendo más ejercicios.

Ella a veces se sorprendía de lo que le indicaba Esteban sobre lo que le había ocurrido a él desde que se habían estado comunicando diariamente y se preguntaba cómo era posible que ella hubiera hecho ese cambio en él. Pero Esteban sabía que era gracias a la amabilidad, ternura y forma de ser de ella.

Esteban continúa todos los días revisando su cuenta de correo-e, a ver si ha entrado algún mensaje de Raquel. Tan pronto ve un mensaje de ella, se pone muy contento y procede a contestarlo.

Las cosas han ido cambiando y él ha notado que Raquel está distinta y que, cada vez que le pone el tema del viaje, aparece una nueva excusa, que su mamá viene y no tiene fecha de regreso, que tiene mucho trabajo, que ella viene para Puerto Rico y va a estar dos fines de semana, etc.

Esteban se ha dado cuenta que esas son excusas para que él no vaya. Entonces decide tomar un decisión y le envía un mensaje diciéndole lo siguiente:

Raquel:

''Para tu tranquilidad quiero decirte que no pienso dar el viaje. He notado que es muy incómodo para ti que yo vaya para allá. Honestamente te digo que me hubiera encantado pasar unos días contigo y sabes cuál era el propósito del viaje: terminar esta parte de la historia que estoy escribiendo, conociendo tu forma de vida en los Estados Unidos. Pero creo que no es de tu agrado que yo vaya.

Al principio, me ilusionaste y dijiste que podía ir cuando yo quisiera, pero siendo honestos, ahora sabemos que ése no era tu deseo. Por eso te había comentado que te estaba notando diferente y no fuiste honesta conmigo. Sólo me tenías que decir que no viniera porque a lo mejor te perjudicaba.

Aunque creo que no tiene nada de malo que te visitara como amigo, y no en tu casa. Por eso te pedí lo de conseguir un hotel donde quedarme y que me acompañaras a visitar los lugares que tú escogieras. A lo mejor tú no lo entendiste así o creíste que iba con otras ideas por lo que te dije que sentía por ti. La realidad es que yo sé respetar a una amiga cuando estoy con ella y a ti más que eres una gran dama.

Sobretodo, quiero agradecerte en el alma el tiempo que me atendiste y con el que escuchaste mis charlas y tantas otras cosas que te hablé. Hiciste un gran cambio en mí y me sentí muy feliz.

Creo que aquí debe terminar nuestra comunicación para que te sientas más tranquila. Sabes que el que tú seas feliz es muy importante para mí.

Gracias muchas por esos ratitos de tu compañía a distancia,

Esteban

Tras Esteban haber enviado ese último mensaje a Raquel donde se despedía de ella, tenía la esperanza de recibir alguna repuesta de ella, pero no llegaba nada. Además, le había enviado una semana antes un escrito para que ella lo leyera y le diera su opinión.

Ya hoy era viernes, el segundo día que no tenía contacto con ella y a Esteban le parecía que había pasado mucho tiempo sin saber de ella. En general, los viernes ellos no chateaban, pero sí a veces había comunicación por la vía telefónica de noche y él, aunque le había indicado en ese mensaje que aquella sería su última comunicación con ella, guardaba la esperanza de que ella tomara la iniciativa y se comunicara con él, por lo menos para que él le explicara por qué había tomado esa decisión.

Además, Esteban quería saber lo que ella opinaba del escrito que le había enviado y él tenía un genuino interés en saber cuál habría sido la reacción de ella al escrito por tratarse de la historia de ambos.

En esos días, Esteban se preguntaba si se habría precipitado al tomar la decisión de no comunicarse con ella. Primero, porque él sentía algo por ella. Segundo, aunque no fuera correspondido, ella mantenía esa comunicación. Tercero, aunque muy distante, ella le atendía cuando chateaba con ella. Además, si terminaba la comunicación entre ellos, jamás sabría la opinión de ella sobre el escrito y algo muy importante de ese escrito quedaría inconcluso si terminaba la relación, porque precisamente se trataba de la historia de Esteban y Raquel desde que se conocieron en aquella escuela de Puerto Rico.

Por momentos, él pensaba que lo mejor había sido terminar la comunicación con ella, porque al estar tan distantes, no verla y no estar cerca de ella, le afectaba emocionalmente. Además, él seguía casado y no quería separarse de su esposa de tanto tiempo.

En su interior, él presentía que, si no hubiera tenido el compromiso del matrimonio, quizás Raquel lo hubiese mirado con otros ojos, lo hubiera aceptado. Inclusive en un futuro, podría haber surgido una relación más seria o haber formado un nuevo hogar con ella.

Llegó el sábado y no había habido ninguna comunicación entre Esteban y Raquel. Parecía que ella le había tomado la palabra de no comunicarse más con él. Se sentía un poco ansioso por esa situación ya que se había acostumbrado a chatear con ella casi todos los días y la extrañaba.

Hacía unos seis días desde que Esteban le había enviado el escrito a Raquel para que lo leyera y le diera su opinión. La opinión de ella era muy importante para él y no recibía alguna contestación de si lo había recibido o leído. Como se había cortado la comunicación entre ellos por culpa de Esteban—porque había sido el quien decidió cortarla—ahora no encontraba cómo saber la opinión de Raquel sobre el escrito.

Entonces, decidió enviarle otro mensaje de correo-e, con el propósito de saber si había recibido o no el escrito y, si lo había recibido, si lo había leído y cuál era su opinión. Pero tenía una segunda intención con ese mensaje, que era tratar de continuar la comunicación con ella, porque la extrañaba mucho.

A pesar de que la comunicación se había interrumpido por el momento, esos días fueron muy difíciles para Esteban porque pensaba mucho en ella y le daba melancolía. Sin embargo, como no hay mal que por bien no venga, esa situación le vino de inspiración a él y en un solo día le escribió tres poemas a ella, cosa que nunca había hecho.

Parecía que el mensaje que le envió Esteban a Raquel dio resultado porque no habían pasado dos horas cuando suena el teléfono celular de él. Cuando Esteban vio el nombre de Raquel en la pantalla de su teléfono, su corazón se expandió de felicidad. Había llegado la llamada que tanto había esperado por los pasados días y de nuevo escuchó la voz de su amiga preferida. El nerviosismo se apoderó de él y contestó rápidamente.

—Hola. Buenas tardes, joven —le dijo.

—Leí tu mensaje y decidí llamarte en vez de escribirte y respetar tu decisión de terminar la comunicación entre los dos —contestó ella.

—Raquel quiero que me perdones por lo que te dije de terminar la comunicación entre ambos. Lo hice en un momento de frustración que a veces nos pasa a los seres humanos cuando no se nos logra algo. En el caso mío, tú sabes que yo estaba entusiasmado con el viaje y compartir contigo.

—Te digo que no es que no vengas. Yo no sabía lo del viaje de mi mamá. Además, si vienes por muchos días, se me haría difícil atenderte. Sabes que trabajo durante la semana y que tengo una familia que atender. Quizás si vienes un fin de semana, puede ser.

Estuvieron hablando por más de una hora en la cual ella le contó muchísimas cosas de sus hijos. Le habló de que su hija cumplía veintiún años ese día y que quería que su mamá lo celebrará con ella, de que esa noche pensaban salir a festejarlo, y de muchas cosas más. Él mayormente lo que hizo fue escucharla y dejarla hablar ya que esos días sin saber de ella fueron eternos para él y escuchar su voz le devolvía la paz espiritual que necesitaba.

Nuevamente, había surgido en Esteban la esperanza de hacer su ansiado viaje y compartir aunque fuera un fin de semana con ella. Aunque no hablaron de eso específicamente, en un momento de la conversación ella lo sugirió y ya él está pensando en cuál sería ese fin de semana.

Esteban no sabía entonces qué hacer, si decidía viajar sólo por un fin de semana o si definitivamente suspendía el viaje. Para él, ese viaje iba a ser muy importante. Se trataba de conocer la otra parte de Raquel y como había sido su vida durante tantos años en los Estados Unidos e incluir esa parte de la vida de ella en la historia que escribía.

Ése día, que es sábado, Esteban saldría a celebrar el nuevo reencuentro que había con su amiga Raquel sin sentir la angustia que le había acompañado esos días pasados. Saldría sólo porque ella se encontraba muy distante, pero en su mente y su corazón ella estaría presente.

Sin embargo, él continuó notando que la relación con ella se había ido deteriorando. Durante los días domingo y lunes le envió unos mensajes como de costumbre y no recibió repuesta. Tampoco durante esos días se conectó ella a FaceBook. Por lo tanto, no pudo comunicarse con ella y cuando la llamó por teléfono salía un mensaje grabado.

Como la mente del ser humano es tan poderosa, inmediatamente comenzó a pensar que ya a ella no le interesaba tener contacto con él, que los días de desconexión porque él le dijera que iban a terminar la comunicación había sido la excusa perfecta para darle un final a toda esta relación. Pero cuán cierto era todo eso no se podía saber, porque era sólo lo que pensaba Esteban, que podía estar sucediendo, pero no necesariamente era lo que pensaba Raquel.

El martes él esperaba recibir algún tipo de comunicación de ella, porque a pesar de todo, Esteban seguía enviándole sus mensajes acostumbrados. Este día le enviaría el siguiente mensaje—un mensaje de estímulo o motivación, pero a la vez para dejarle saber indirectamente lo importante de sus sentimientos por ella:

‘’No sé si tú crees que se viven varias vidas. Yo sí creo que se vive más de una. Me resignaré a no tener tu amor y cariño en esta vida, pero te juro hoy que en la próxima vida lucharé por ganarme tu amor y tu cariño’’.

Esteban había estado viendo una galería de fotos de ella en su computadora y, en cada una, ella se ve espectacular. No parece una mujer de cuarenta y tantos años, más bien parece una de ‘veintipico’ de años y esto ha hecho que él la admire más y le ha hecho el comentario en varias de estas fotos.

Hay una foto que ella está preciosísima y él le escribió:

‘’No me juzgues por admirarte tanto. Estás espectacular en esa foto. Cómo quieres que no admire un ángel como tú. Cualquier hombre lo haría, no pareces una mujer de cuarenta y tantos años, pareces una de veintipico de años’’

En otra foto que apareció en FaceBook y que está muy hermosa le escribió:

‘’Tú eres como el vino; entre más viejo, mejor sabe. Tú entre más tiempo pasa te ves mejor’’.

Esteban no sabía qué pasaría con esa relación de amistad que había desarrollado con Raquel—aunque para él no era de amistad, sino de un cariño muy especial por ella, que se estaba convirtiendo en amor.

Habían pasado varios días y no había sabido nada de ella. Sentía cierta preocupación de lo que fuera a ocurrir.

Comenzó a pensar que ella se estaba retirando poco a poco de esa relación diaria para que él no se hiciera de ilusiones con ella, porque ha sido muy honesta con él y le ha manifestado que lo ve como un amigo o como el maestro que le dio la clase de español en la escuela intermedia.

Sintió la necesidad de hacerle una llamada telefónica, pero porque era durante el horario de trabajo de ella y no queriendo interrumpirla en sus labores, aguantó sus deseos de llamarla. Sin embargo, en todo momento tiene el teléfono a su lado con la lejana esperanza de que suene y que sea ella la que lo esté llamando.

A veces Esteban se cuestiona cómo ha surgido ese sentimiento por Raquel después de tantos años. Quizás sean cosas de lo que llaman el destino. En aquel momento en que ella entró a FaceBook y lo saludó, él sintió una sensación rara en su cuerpo, igual que el primer día que la vio en su salón de clases. Y esa sensación se había ido convirtiendo en un sentimiento especial por ella.

El miércoles, como de costumbre, él encendió su computadora para ver los nuevos mensajes que le enviaban las diferentes amistades. Qué bonita sorpresa al ver que uno de esos mensajes es de ella y le dice lo siguiente:

''Buenas noches Esteban, muchas gracias por los lindos mensajes que me envías día a día y con tan buenos deseos para mí. Además disfruté mucho con mi hija el día del cumpleaños, espero que veas las fotos, saludos Raquel''.

Esteban se puso sumamente contento al leer el mensaje que tanto esperaba y procedió a contestarle rápidamente.

''Ya te estaba extrañando. Desde el sábado que hablé contigo no había sabido nada de ti. Creí que habías cogido varios días para disfrutar con tu hija. Vi las fotos que aparecen en la computadora y hay una, la del sombrero, que te queda muy bien, 'de maravilla'".

Pensaba que ese día la llamaría por teléfono. Pero lo haría por la tarde, después de que ella saliera del trabajo, para no interrumpirla y ver si tenía suerte y no le salía el mensaje de la grabadora.

Sin embargo, durante el día él seguía pensando mucho en ella. Además, esto sucedía porque al prender la computadora, aparecían muchos retratos de ella. Por cierto, ése día había aparecido uno muy bonito donde aparecía ella en un marco prendido en fuego. De inmediato, él le escribió lo siguiente debajo del retrato:

''Me gustaría ser el fuego que te rodea para que veas el calor que me provocas''.

Pero a pesar de todo eso, él continuaba indeciso de hablarle sobre el viaje. Se había dado cuenta de que cuando comentaba algo del viaje, ella lo esquivaba, aunque en la última conversación que ambos tuvieron fue ella la que le comentó que por un fin de semana lo podía, mientras que durante los otros días de la semana le era muy difícil por el trabajo y por su familia.

Le quedaba un mes para decidirse si hacía el viaje o si esperaba a que ella viniera de vacaciones en diciembre por las dos semanas que le había dicho, para entonces poder verla y compartir con ella. En ese momento, iba a ser muy difícil para ambos, ya que quizás ella iba a venir con sus hijos y a visitar su familia y sus amistades, y no podría compartir mucho con ella como él deseaba.

Esteban decidió llamarla por teléfono después de que ella salió del trabajo. Sucedió lo que se temía: sonaba el teléfono pero ella no lo contestaba y decidió finalizar la llamada. Pasaron alrededor de diez minutos y sonó el teléfono. Al mirar la pantalla, vio el nombre de Raquel y su corazón se alegró de emoción.

—Hola. Buenas tardes —contestó él.

—Hola como estás —dijo ella.

—Muy bien. ¿Cómo pasaste el fin de semana? ¿disfrutaste con tu hija?

—Disfrutamos muchísimo y fuimos a diferentes lugares, entre ellos uno muy bonito y mi hija bailó bastante.

—¿Y tú bailaste?

—Muy poco. Bailé un merengue muy largo y terminé cansada. Pero el lugar me fascinó. Tengo que volver.

—Si me invitas, yo voy contigo. Puedo ir un fin de semana a visitarte como tú me sugeriste y vamos a ese lugar. ¿Qué te parece?

—Hablamos de eso más tarde.

Y procedió a despedirse porque estaba llegando a su casa.

Aunque hablaron en total como unos quince minutos de varias cosas al terminar la conversación, Esteban había notado que le evadía la conversación cuando le habla del viaje. Nuevamente sintió que las posibilidades de ir a visitarla eran cada día más lejanas y ya no se estaba haciendo muchas ilusiones.

Al final de la conversación, se sintió bien porque ella le había llamado rápido y porque, al despedirse, le dijo una frase muy cariñosa por primera vez. No sabía si ella se había dado cuenta de ese detalle, pero a él le había agradado.

Por la noche, Esteban entraría a FaceBook para ver si ella se conectaba y seguir el diálogo, porque le dijo que esas noches no se había conectado porque estaba con mucho trabajo.

Como de costumbre, Esteban prendió su computadora para verificar los amigos que estaban conectados en FaceBook. Él esperaba que entre esos amigos estuviera Raquel, pero ella no estaba conectada como las noches anteriores.

Él siguió buscando y leyendo otras informaciones de su interés y luego de haber pasado como media hora apareció el nombre de ella en la pantalla:

—Buenas noches—le dijo Raquel a Esteban.

—Buenas noches—le contestó Esteban—¿Ya cocinaste?

—Sí, hice una pasta con carne y queso mozzarella.

—Eso se oye muy bien y, si lo hiciste tú, debe saber muy rico.

—Las pastas son unas de mis especialidades.

—Espero algún día probar una de ellas.

—Me encantaría que la probaras.

—Te tomaré la palabra y quizás algún día se dé.

—Seguro que sí. Ahora me tomaré un vino suave para relajarme.

—Qué pena que yo no esté ahí contigo para acompañarte, pero desde acá hago un brindis para que todo te salga bien y siempre tengas mucha salud.

—Muchas gracias. Eres tan amable conmigo.

—Por lo menos, hablar contigo aunque sea a través de la internet me ayuda mucho a mí como persona, porque no me siento tan solo.

—¿Pero en qué forma te ayuda el hablar conmigo?

—Me saca un poco de la monotonía en que me encuentro a diario y disfruto mucho esa conversación contigo. Tú no sabes lo importante que has sido en mi vida durante este tiempo.

—¡Wow! Qué bueno que eso ha sido así, me alegro mucho.

—Casi todas las noches espero con ansiedad que tú te conectes a FaceBook para hablar contigo.

—No creas. Mi vida acá también es monótona, salir a trabajar, llegar a mi casa a cocinar, ver un poco de televisión, atender a mi hijo y luego a dormir.

—Te comento que ya he escrito como treinta páginas de la historia de Esteban y Raquel.

—¡Todo eso has escrito! ¿Qué más falta?

—Falta conocer tu vida en los Estados Unidos, por eso el deseo de ir a visitarte para traerme esa parte de tu vida y escribirla porque no me la puedo inventar.

—Mi vida acá en los Estados Unidos es muy simple. Nada de jolgorio como en Puerto Rico. Acá es trabajar y velar por el bienestar de mis hijos. Además de eso no conozco a mucha gente y tengo pocas amistades.

—Todavía tengo la esperanza de ir a visitarte aunque sea un fin de semana.

—Lo que pasa es que yo soy muy selectiva y muy celosa con mi vida personal.

—Eso está muy bien, que seas así porque tú tienes que cuidarte como mujer y con la mala experiencia que viviste con tu esposo debes ser más selectiva.

—En eso tienes razón.

—Pero como siempre te he dicho, me gustaría verte personalmente, compartir una buena cena, charlar y, si se puede, ir a bailar un merengue corto. Y espero que no me pises los pies. Ja, ja, ja! Pero me imagino que tú debes bailar muy bien.

—Bueno, me han dicho que bailo bien. Para mí, lo importante no es bailar bien o mal, sino pasarla bien.

—Estoy de acuerdo contigo, eso es lo que me gusta a mí. Puede ser lo más sencillo, pero que la persona se sienta bien, y la pase bien y a gusto con las personas que estén.

—Cambiando el tema ¿viste las fotos que puse en FaceBook de la fiesta con mi hija el sábado?

—Sí, las vi y están de ''show". Como siempre, tú sobresales. Hay una, la del sombrero, te quedó muy bien.

También, en la que estás sentada en un sillón. Yo le hice un comentario a esa foto, escribí ‘’simplemente hermosa”.

—Sí, ya vi el comentario.

—¿No te gustó el comentario que hice?

—Sí, me gustó. Siempre tan galante.

—Pero la verdad es una sola y es que tú eres una mujer hermosa y elegante.

—Muchas gracias, por lo que me toca.

—¿Por qué no decirlo si es la realidad? Fíjate, hay otra foto tuya que la grabé en mi celular y un día te voy a dar una sorpresa con esa foto.

—¿Cómo que la grabaste?¿Cuál es la sorpresa?

—No te lo puedo decir porque deja de ser sorpresa, pero cuando te la entregue es para que la guardes para cuando seas viejita, aunque para eso falta mucho.

—Ji, ji, ji, ¡Wow! ¿Cuál será la sorpresa?

—Cuando llegue el momento sé que la sorpresa te va a gustar.

—OK, está muy bien. Esperaré a que llegue la sorpresa y te diré si me gustó. Pero estás dedicando mucho tiempo a pensar en mí y eso me hace sentir muy importante y especial.

—Para mí, pensar en ti es como una terapia, lo cual me ayuda mucho y me hace sentir bien.

—Pues, me alegro por ti si te hace bien.

—Sobre el viaje, si tú me quieres invitar esos tres días, los gastos van por mi cuenta y me quedo en un hotel.

—Está bien, te dejaré saber cuando pueda y que no tenga tanto trabajo para poderte atender mejor.

—Lo que pasa Raquel es que yo hacía mucho tiempo que no me sentía así y tú has sido una alegría en mi vida. Me siento muy contento, feliz y todo eso te lo agradezco mucho a ti.

—No tienes que agradecerme nada, no he hecho nada.

—Tú también eres muy importante y especial para mí, ¿no lo sabes?

—Bueno, si tú lo dices, eso me halaga, gracias.

—Créelo, has hecho mucho, hemos hablado mucho, te he contado mis cosas, me he desahogado contigo. Tú no eres sólo buena, eres maravillosa.

—Ay, muchas gracias, Esteban. Siempre con esas palabras tan lindas que me dices.

—Tú te las mereces y mucho más.

—¿Qué más?

—El amor de un hombre como yo, que te trate como lo que eres, una reina, la reina de mi corazón.

—Esteban, me voy despidiendo por hoy. Que pases buenas noches. Ya me voy a ir acomodando para acostarme que tengo sueño y estoy cansada. Pero como siempre, un gusto y placer poder saludarte y muchas gracias de nuevo por esas palabras tan lindas que siempre me dices.

Espero que todas estas charlas que hemos tenido te sirvan para completar la historia que estás escribiendo.

—Lo mismo para ti y, recuerda, si puedes regalarme esos tres días para terminar la historia de Esteban y Raquel, te lo agradeceré.

—Lo mantendré presente. Buenas noches. Que descanses.

—Muchas bendiciones y que tengas un sueño feliz. ¡Bye!

Luego de esa conversación que Esteban tuvo con ella, él se sintió muy feliz y contento porque era la Raquel que él había conocido desde hace un tiempo atrás. Aunque un poco esquiva cuando él le comentaba sobre el viaje, ahora de nuevo tiene una leve esperanza de que se pueda dar el tan anhelado viaje para verla.

Al otro día por la mañana, como de costumbre, él le envía el siguiente mensaje a su querida Raquel:

''Una vez viviste un momento de oscuridad en tu vida y caminaste por él hasta llegar a la claridad, por favor cuídate para que no vuelvas a vivir ese momento''.

Hoy es viernes y Esteban se encuentra en un negocio de su pueblo dándose unos tragos con unos amigos. De momento piensa en Raquel y decide llamarla, marca el número con la esperanza de que ella conteste el teléfono y no le salga el mensaje grabado.

—¡Hello! —contestó ella.

—Buenas noches. ¿Cómo estás?

—Muy bien, un poco cansada, porque terminé de cocinar y ahora lavar los platos.

—Ésa es la misma rutina de ustedes las mujeres.

—Eso es así cuando se tiene familia y más yo que soy madre y padre a la vez.

—Me imagino que no es muy fácil para ti esa faena.

—No es fácil, pero hay que hacerlo y como llevo tantos años, ya estoy acostumbrada.

—Te mereces un premio por eso.

—Pero a veces los hijos no agradecen los sacrificios que hacemos los padres, no se dan cuenta de lo que tenemos que hacer para poder sacarlos hacia adelante, dijo ella.

—Tienes mucha razón, muchos son unos malagradecidos.

—Hoy mismo he pasado el día estresada con las cosas de mi hija.

—¿Qué te pasó con ella? si se puede saber.

—Es que ella sabe que aquí yo tengo unas reglas y normas que hay que seguir. Y a veces, me saca de las casillas con sus cosas. Y la tengo que regañar y se pone rebelde.

—Pero tú tienes que mantener esas normas para que ellos funcionen. Si no las haces cumplir, no te hacen caso.

—Ellos saben que conmigo no va eso y las tienen que cumplir, porque yo soy muy buena con ellos y ellos conmigo, especialmente ella, que siempre me está diciendo que me ama mucho y es muy buena. Pero a veces me saca el monstruo.

—Eso es parte de ese proceso de la crianza de los hijos.

—Yo sólo le pido a Dios que cambie su genio y modifique su conducta conmigo. A veces es muy agresiva.

—En eso estoy de acuerdo contigo, tú tienes que ser firme en tus decisiones, aunque flexible con ellos, porque tampoco es que seas demasiado estricta.

—Ellos saben que soy una alcahueta con ellos. Siempre traté de complacerlos en lo más que pude.

—Cambiando el tema, ¿leíste el mensaje que te envié hoy?

—Sí, muy bonito como siempre y me motivan mucho. Ya me he acostumbrado a ellos. El día que no los envías, me hacen falta.

—Mientras pueda y mi mente produzca, te los enviaré. Viste los comentarios que te hice en algunas fotos.

—Algunos ¿cuál es la foto de la sorpresa?

—Es una en que estás espectacular, pero no te voy a decir la sorpresa.

—Tendré que mirar de nuevo esas fotos para ver cuál es.

—Hay una que te iba a escribir un comentario, pero luego me arrepentí porque podías ofenderte con el comentario.

—¿Qué comentario y cuál foto?

—Es una que sacaste cuando estabas con tu hija celebrando el cumpleaños de ella y estás tú al frente y tu hija Pamela abrazándote por detrás.

—¿Cuál era el comentario que ibas a hacer?

—Te lo voy a decir pero espero que no te esté malo.

—¡Dímelo!

—En esa foto sobresale tu pechonalidad y te iba a hacer el comentario de que si eran naturales. Ja, ja, ja.

—Ji, ji, ji. Sí, son naturales. En eso, el Señor me dio demás aunque por detrás de menos.

—¡Qué va! Tienes lo suficiente por ambos lados. Ja, ja, ja.

—Bueno, Esteban, te tengo que dejar. Me está dando sueño. Gracias por haber llamado.

—Para mí, siempre es un placer hablar contigo y siempre tan amable y cordial conmigo. Pienso ir para allá si tú estás de acuerdo iría tales días ¿qué te parece?

—Está muy bien. Te espero.

—No hay problema. ¿Puedo hacer las gestiones con los pasajes?

—Sí.

—Ahora me daré un traguito a tu salud y que tengas buenas noches.

—Buenas noches y que te aproveche. Bye.

Esteban estaba más que contento. Pidió su trago y brindó en silencio por la salud y el bienestar de ella. Además, tenía motivo para estar contento, porque Raquel le confirmó que podía ir a visitarla y notó que lo dijo con seguridad y deseos.

Quedaba un mes para el deseado viaje y ya Esteban estaba ansioso. Pensando en las cosas que tenía que comprar para uso personal y llevar en el viaje.

Ése día, fue a la agencia de pasajes para hacer la reservación del pasaje que lo llevaría a su ansiado destino. Todo quedó cuadrado en términos de hora de vuelos y los diferentes destinos con sus escalas.

Procedió a enviarle un email a Raquel para dejarle saber el horario del vuelo y la hora de llegada para que ella le dejara saber si estaba de acuerdo. Después de pasada como una hora se conectó a su computadora y tenía un email de ella donde le contestaba ''fantástico''. Al ver esa contestación, se sintió muy alagado porque ese fantástico para él significaba que ella estaba de acuerdo y que lo esperaba con gusto para acompañarle en esos días.

Luego por la tarde, él espero que ella saliera del trabajo y le llamó para indicarle otras cosas.

—Hola, ¿cómo estás?—comenzó Esteban.

—Muy bien y mejorando.

—¿Cómo pasaste el fin de semana?

—Bien, en la misma rutina de siempre pero estuvo lluvioso.

—Yo me fui con una amiga mía y de mi hermana a un lugar cerca de donde vivo y la pasé muy bien. Disfruté mucho y descansé, y el tiempo estuvo espectacular.

—Qué bueno, me alegro es bueno distraerse de vez en cuando para que salgas de la monotonía.

Como ella iba guiando del trabajo a su casa de momento, hizo una expresión como de susto.

—¿Qué pasó que te alteraste?—preguntó Esteban.

—Es que por aquí la gente guía a lo loco y una persona trató de cruzar la avenida sin la debida precaución y por poco lo atropellan. Suerte que el chofer del carro frenó a tiempo y no ocurrió una desgracia.

—¿Ahí guía la gente tan de prisa como en Puerto Rico?

—Sí, son muy arriesgados.

—Te llamo para confirmar respecto al vuelo, ¿el horario está bien para ti?

—Es muy buena hora porque me da tiempo de salir del trabajo e ir a mi casa, y después recogerte en el aeropuerto. Leí tu email y ya sabía el horario.

—Ok, todo está bien. Después coordinamos otros asuntos. Te dejo por ahora. Sé que vas para tu casa a cocinar, buenas tardes.

—Adiós y buenas tardes.

Más tarde, como a las siete esa noche, Raquel llamó a Esteban para excusarse con él porque tuvo que cortar rápido la llamada.

—Hola, ¿qué pasó?

—Quería disculparme, porque me llamaste y no hablé mucho contigo, porque iba a enseñarle unos apartamentos a un amigo que me pidió que le hiciera el favor porque yo había vivido en ellos.

—No te preocupes. Sé que estás muy ocupada y, si te llamo, tengo que entender que no siempre estés disponible.

—Escucho los coquíes y no se callan. Una vez, cuando fui de visita a Puerto Rico con mi hijo, él me preguntaba que por qué no se callaban y hacían tanto ruido. 'Muy difícil de controlar', le dije.

—Y cuando los días están húmedos, más. Que es cuando ellos cantan mucho y no hay quien los haga callar.

—Ya no me acostumbro al sonido de ellos, chillan mucho.

—Te pregunto de nuevo no hay problema con lo del viaje y el horario.

más —Ningún problema para mí está muy bien.

—Leí el email que me enviaste contestándome lo del viaje y me encantó la palabra que usaste ''fantástico''.

—¿Por qué te gustó esa contestación?

—Porque esa palabra dice muchas cosas y, entre ellas, que estás contenta con que yo vaya a visitarte.

—Sí, estoy contenta de que un amigo como tú venga a visitarme, pero sabes las condiciones.

—Yo estoy claro en eso y, si voy, es por lo que te he dicho anteriormente. Voy a tratar de llevarte la sorpresa de la foto y la otra parte de la historia que estoy escribiendo.

—La estaré esperando para ver esa sorpresa y ya creo que sé cuál es la foto.

—Es una en que quedaste espectacular con tu pelo revuelto.

—Bueno, me despido de nuevo, buenas noches y nos comunicaremos luego, aunque falta poco para vernos personalmente.

—Buenas noches, y que tengas dulces sueños.

Pasaron varios días que no chateaba con Raquel. Una noche, cuando conectó la computadora en FaceBook, apareció ella saludándolo y excusándose por no haberse comunicado conmigo.

—¡Hola! Buenas noches ¿cómo estás?—preguntó ella.

—Muy bien y mejorando. ¿Cómo estuvo el día de hoy?

—Estuve muy ocupada archivando récords y atendiendo clientes casi todo el tiempo porque me gusta estar organizada.

—Si estás ocupada, es porque hay muchas ventas y demanda de los productos de tu compañía.

—Hay bastante, especialmente de América Latina. Y como yo soy la que habla español, estoy más ocupada.

—¿Te supervisan mucho?

—No mucho, pero hay un supervisor que es muy buena gente y, como yo hago bien mi trabajo, él no me presiona.

—Cuando yo daba clase, no aceptaba los supervisores en mi salón porque no me enseñaban nada y, como cambié mi metodología de enseñanza, no sabían lo que hacía.

—Eso pasa a veces con algunos supervisores, que saben menos que el empleado, pero como yo conozco muy bien mi trabajo no tengo problemas.

—Siempre te lo he dicho, que tú eres única, y el tiempo me da la razón.

—Ji, ji, ji. Es que ellos me quieren mucho y, como me llevo bien con todos, me tratan muy bien.

—Te lo he dicho. En tu trabajo, en tu casa con tus hijos, con tus amistades, siempre hay algo en ti que llama la atención y sobresale.

—Eso es así. Le doy gracias a Dios, por haberme hecho así.

—Es que tú tienes ese don de dejarte querer.

—En todos lados que he trabajado me han querido mucho y he dejado mis huellas.

—Una pena que el que fue tu esposo no te supo valorar. Por eso, he llegado a quererte tanto. Fíjate que mi cariño es tan grande que va desde Nueva York a California. Ja, ja, ja.

—Tú estás loco con ese cariño tan grande. Pero él está sufriendo ahora con creces. Tú sabes que yo fui muy simpática desde pequeña.

—Me imagino que debe de estar sufriendo al ver esa mami tan chula, tan profesional, tan mujer, tan, tan.

—¡Wow! ¿Tanto soy?

—Tanto, no. Tantísimo y faltan un montón de atributos más que no te mencioné.

—¿Cómo cuáles?

—Bueno, con tanta pechonalidad, sensual, muy sexy que provocas buenas ideas y haces sentir cierta paz espiritual.

—¡Tanto así! ¡Wow! Muchas gracias.

—Me faltan, honesta, amorosa, de buen corazón y un ser muy bello en todo el sentido de la palabra.

—Gracias, tú siempre con tus lindas palabras hacia mí.

—Cuando me pidieron que definiera las palabras "bella" y "elegante", simplemente pensé en ti y pude definir esas dos hermosas palabras. ¿Recuerdas eso? —le preguntó.

—Sí, ése fue el pensamiento que me enviaste hoy, hermoso por cierto.

—¿Tienes guardados todos esos pensamientos que te he enviado? Ya pasan de los cuarenta a lo mejor más tarde los publico porque todos son creados por mí.

—Están todos guardados en mi computadora.

—A lo mejor los publique un día de estos.

—Eso está ''nice".

—Está quedando por la maceta la historia porque le cambié el formato.

—Oh sí, estoy loca por leerla.

—Cuando vaya por allá a visitarte le incorporaré las nuevas vivencias .

— Ya te dije que puedes venir. Y lo que te he dicho siempre es que puedes venir como un amigo. Además tú eres un hombre casado y te puedes quedar en un hotel y yo te enseño los lugares que quieras visitar.

—Soy consciente de eso e iré bajo esos términos porque es importante que conozca esa parte de tu vida para terminar la historia que estoy escribiendo y publicarla.

—¿En serio que la vas a publicar? ¡Qué honor para mí! No sé cómo agradecértelo. Se trata de mí. Nunca pensé que alguien escribiría un libro donde yo sería la protagonista—comentó muy entusiasmada.

—Va ser una gran historia, la de Esteban y Raquel. Dios te puso en mi camino para que yo la escribiera.

—Así es la vida, después de treinta años aparecí.

—La voy a publicar y va a ser un palo. Es más, espero que los estudiantes las lean en las escuelas intermedia y superior.

—¡Wow! ¡Qué emocionante!

—A lo mejor hayan más sorpresas, ¿te gustan las sorpresas?

—Sí, bueno, Esteban, ya me voy despidiendo. Voy a darme una ducha y lavarme el pelo que lo tengo ondulado hace varios días y no me gusta así.

—Ojalá el día que vaya a visitarte tengas el pelo como el de la foto. Te queda muy bien.

—Que pases buenas noches. Bye.

—Lo mismo te digo a ti. Adiós.

Esteban estaba muy entusiasmado con el viaje que haría para visitar a Raquel y pensaba en las cosas que tenía que hacer y comprar para llevar en su viaje. Muchas interrogantes le llegaban a la cabeza con relación al viaje porque tenía que hacer varias escalas antes de llegar a su destino. Pensaba que en ese cambio de aviones podía perder su equipaje y eso sería un gran problema para él. Pero eso eran suposiciones. No quería decir que fuera a ocurrir así.

Le preocupaba cómo sería ese encuentro con ella y cuánto tiempo le pudiera dedicar ella, porque tres días pasan muy rápido y quizás no lograba hacer todo lo que tenía en mente para terminar su historia.

Habían pasado varios días sin que ella se comunicara por la internet y Esteban esperaba que lo hiciera pronto porque tenía varias preguntas que hacerle.

Llegó el viernes y normalmente él no se comunicaba con ella a través de FaceBook los viernes. Ese día Esteban se conectó a FaceBook y de momento apareció ella.

—Hola ¿cómo estás? Qué raro que hoy viernes estés conectado a FaceBook. ¿No saliste?

—No salí y me quedé por dos razones. La primera es que no me siento bien de salud. La otra es que está lloviendo mucho y el clima está muy malo.

—¿Que te sucede estás enfermo?

—Creo que tengo un poco de fiebre y catarro porque siento un malestar en el cuerpo, pero con dos o tres panadol que me tome, se me quita.

—Si el clima está como tú dices, no es muy bueno salir porque el catarro se apodera del cuerpo y entonces es peor. Por acá está lloviendo también y aquí el clima es muy variable.

—En eso, yo me cuido porque no me gusta que me dé la monga, porque no me gusta estar todo el día en la cama y con fiebre menos.

—Yo pensaba ir al cine con mi hija, pero, por el clima estar lluvioso, decidimos no ir. Vamos a aprovechar el tiempo para arreglarnos la uñas y pintarnos el pelo.

—Vanidad femenina. Pero eso está muy bien. A mí, me encanta la mujer que siempre está bien arreglada, con las uñas bien lindas, aunque no muy largas y el pelo bien pintado con un color que vaya con su personalidad.

—A mí me gusta estar bien arreglada. Eso me hace sentir muy bien como persona y, además, por mi trabajo, que hay que lucir bien.

—Eso lo sé. Cuando te veo en las fotos que aparecen en FaceBook, siempre estás muy bonita.

—Gracias por tus comentarios. Esos halagos son importantes para mí.

—No son halagos. Son una realidad que se ve en ti.

—Esteban tengo que dejarte por hoy. Mi hija me está llamando para pintarme el pelo. Que pases buenas noches y cuídate de ese catarro.

—Muchas gracias por tus deseos y que tengas un buen fin de semana.

Esteban esperaba que Raquel se comunicara en el fin de semana. Pero el domingo llegó y no sabía nada de ella. Se imaginaba que, por ser fin de semana largo, ella lo había aprovechado y se había ido a disfrutarlo en familia.

Los fines de semana, casi nunca había mucha comunicación entre ellos porque cada cual se dedicaba a sus actividades esos días. La mayor comunicación entre ellos ocurría los días de trabajo de la semana o sea de lunes a jueves.

Faltaban tres semanas para el viaje y la ansiedad se comenzaba a apoderar de Esteban. Buscaba la persona que lo llevara hasta el aeropuerto ese día y que luego lo recogiera al regreso. Tenía en mente a un amigo con el cual había hablado hacía tiempo sobre el viaje y quién le había indicado que lo llevaría al aeropuerto.

Ahora, era cuestión de esperar a que se comunicaran de nuevo y trazar los planes a seguir. Mientras tanto, él continuó haciendo la lista de las cosas que tenía que llevarse para su viaje y preparar la sorpresa que le prometió que le llevaría a ella.

El lunes después del medio día Esteban recibió una llamada de Raquel.

—¡Hello! ¿Cómo estás? Te llamo para saber de ti y de la condición que me hablaste la última vez. No me había comunicado contigo porque este fin de semana largo aproveché y me fui a visitar unas amistades y familiares.

—Me encanta escuchar tu voz y que de vez en cuando pienses en mí. Me encuentro bastante bien y mejorando muchas gracias.

—Voy de regreso a mi casa y a lo mejor vaya a un picnic que me invitaron unos amigos.

—Eso está muy bien. Recuerda lo que te dije en aquel mensaje, que lo que uno se lleva es lo que disfruta en esta vida. No se lleva dinero, carro, joyas, casa, pero sí los ratos de placer que se disfrutan.

—Tienes mucha razón. Lo que uno disfruta en esta vida es lo que se lleva. Lo otro se queda.

—Por eso ese viaje para irte a ver es tan importante para mí y disfrutar esos días en tu compañía.

—¿De verdad son bien importantes? ¿por qué?

—Porque todos los días uno no tiene el privilegio de compartir con una persona tan especial como tú.

—Qué mucho tú me halagas. Creo que no me lo merezco.

—Claro que te lo mereces si tú has sido muy especial en mi vida. Fíjate que llevas como tres meses comunicándote conmigo casi a diario teniendo otras cosas que hacer.

—Es que disfruto mucho hablar contigo y, además, es muy interesante lo que hablamos.

—A mí me pasa lo mismo, estaría horas y horas hablando contigo.

—Esteban, te dejo por ahora, porque voy guiando y hablándote por el celular y hay mucho tráfico. Buenas tardes y que te mejores.

—Adiós y muchas gracias por acordarte de mí.

Por la noche, como de costumbre Esteban se conectó a FaceBook a verificar los mensajes que le dejan sus amigos y cuáles de ellos están conectados para responderles sus mensajes. No esperaba que Raquel estuviera conectada porque ella le había indicado en la llamada que le hizo por la tarde le dijo que iría a un picnic, al que unos amigos la habían invitado.

No pasaron quince minutos desde que él se conectó a FaceBook cuando apareció su amiga Raquel y lo saludó.

—Hola de nuevo aquí.

—Buenas noches no esperaba hablar contigo porque te hacía en el picnic que me dijiste esta tarde.

—Decidí no ir. Es que cuando llego a mi casa no encuentro cómo volver a salir.

—A mí me pasa lo mismo cuando estoy en mi casa. Por lo menos en días de semana se me hace difícil salir y como estoy acostumbrado a salir los viernes y sábados estoy como programado para esos dos días.

—También es que empiezo a hacer cosas en la casa que tengo atrasadas que durante los días de trabajo no hago.

—Claro, y esos son los momentos para aprovechar y hacerlas. ¿Y el pelo? ¿Te lo pintaste como me dijiste el viernes que planificabas hacer?¿De qué color te lo pintaste?

—Sí. Me lo pinté de brown oscuro y se va poniendo negro.

—Como quiera que te lo pintes, a ti te queda bien. Es que, como tienes una cara preciosa, hace que todo se te vea bien.

—Muchas gracias. Siempre con tus comentarios tan lindos.

—Es que es la verdad.

—¿Por qué me dices esas cosas tan bonitas? Me lo voy a creer.

—Pues, las puedes creer porque son la pura verdad. En todas las fotos que tienes en FaceBook, ¡Y mira que son muchas! Casi todas ellas son diferentes y distintas, y todas preciosas.

—A mí me gusta cambiar de peinado de vez en cuando, para verme diferente.

—Será para verte más linda y chula. Eso está muy bien. A mí me encantan las mujeres que siempre hacen cambios en su personalidad para verse mejor y diferentes.

—Yo soy así.

—Por eso es que tú me encantas y me gustas tanto.

—¡Y todavía lo preguntas! Si a ti todo te queda bien. Tu sonrisa, tu simpatía, tus ojos, ¡bueno, todo lo tuyo!

—¿Sabes? A mí en la escuela, los muchachos me decían ‘’ojos bellos’’.

—Con razón me tienes embrujado. Por eso es que llevo tanto tiempo chateando contigo.

—Qué bueno que te sientas así conmigo. A mí también me gusta chatear contigo.

—Es posible que haya sido el destino, porque yo siempre tuve la sensación de que me iba a encontrar contigo en algún momento de nuestras vidas.

—¿Tú crees en el destino?—preguntó ella.

—A veces surge, aunque uno también se puede crear su propio destino.

—Eso es cierto. Porque si uno se porta mal y es una persona que le gusta hacer el mal y comete fechorías, se está creando su propio destino que puede ser la cárcel.

—Cambiando el tema, ve chequeando el hotel donde me voy a quedar cuando vaya a visitarte.

—Ok, mañana lo haré y te aviso. Aquí cerca de mi casa hay uno, pero es muy caro.

—Te iba a pedir si se puede. Si no, conmigo no hay problema. Pero, como yo llego por la noche, me pregunto si puedes coger libre el siguiente día que sería viernes, para aprovechar al máximo esos tres días.

—Tengo que chequear la agenda de mi trabajo, a ver si puedo coger el día libre. De no poder, trabajaría medio día.

—¿Yo te dije los días que voy a estar y el número del vuelo?

—Sí, ya tú me lo habías indicado. Bueno, Esteban, me voy despidiendo ya que tengo que prepararme para mañana sacar la ropa de la lavadora y bañarme, y levantarme temprano mañana.

—Quiero decirte que he disfrutado este chateo muchísimo. Siempre es un placer hacerlo contigo. Que el Señor te cuide mucho y buenas noches.

—Buenas noches y que descanses, Esteban.

Al otro día, a eso de las cinco de la tarde, como le había prometido el día anterior verificar lo del hotel, Esteban recibió una llamada de Raquel,.

—Hello, buenas tardes—contestó él.

—Hola soy yo.

—No conocía el número que apareció en la pantalla del teléfono.

—Es que estoy llamando desde mi trabajo. Estuve averiguando lo del hotel y hay uno por aquí cerca que es muy bueno. Tiene mucha seguridad y queda bien cerca de mi trabajo y de mi casa y el precio es bastante bueno.

—Ése está muy bien. Si tú lo escogiste es porque es bueno.

—Te voy a enviar la información a tu email para que veas la localización y el lugar.

—La estaré esperando, pero no sé si hacer la reservación ahora. ¿Es un hotel muy grande? O sea, ¿tiene muchas habitaciones? Porque si es así, no creo que de aquí a que yo vaya esté lleno.

—No es muy grande, pero no creo que para esa fecha esté lleno. Sobre coger el día libre, no voy a poder porque tengo que coger otros días antes de que tú vengas, pero como me queda cerca de mi trabajo voy a la hora del almuerzo a visitarte y después por la tarde salimos.

—No hay problema. Te invito a almorzar y luego por la tarde nos vamos a comer y luego a bailar.

—Está muy bien. Vayamos a un restaurante que es mi preferido.

—Bueno, tú te encargas de hacer la agenda para esos tres días.

—Ya tengo planeado a donde ir esos días, bueno ahora te dejo porque ya tengo que salir de la oficina adiós.

—Te chateo a la noche si se puede. Nos vemos.

Hoy Esteban estuvo haciendo varias cosas con relación al viaje. Primero fue a buscar la foto de la sorpresa, la cual un artista gráfico le estaba preparando en su negocio. Luego, la llevó a otro negocio a enmarcar, de donde la recogería una semana más tarde. Luego llamó al hotel para informarse sobre los precios y el lugar, y ver la disponibilidad de habitaciones que había para el día del viaje.

Por la tarde, llamó a Raquel para decirle que se había comunicado con personal del hotel que ella le recomendó.

—Hola preciosa. ¿Cómo te encuentras?

—Bastante bien, aunque un poco cansada porque estoy saliendo de mi trabajo.

—Ahora, cuando llegues a tu casa, te pones algo cómodo, te relajas para que se te vaya el cansancio.

—No es tan fácil. Recuerda que tengo familia que atender. Ahora, voy a recoger a mi hijo Jaime y llevarlo a comprar ropa y otras cosas para su graduación y la actividad de graduandos.

—Es que a ustedes, las madres solteras, se les hace más difícil la tarea de los hijos.

—Eso es muy cierto, porque hay que ser madre y padre a la vez.

—Te estoy llamando para decirte que llamé al hotel que me recomendaste y verifiqué toda la información para reservar el cuarto.

—Está bien. ¿Te dijeron lo que yo te expliqué y lo del precio por cuarto?

—Sí, más o menos, lo que tú me dijiste y me indicaron la hora de salir para que no tenga que pagar un día adicional.

—Chévere. Así, no pagas de más por algunas horas adicionales.

—Te contesté en el email que te envié hoy lo que me preguntaste el ¿cómo qué?

—Ya lo vi. Escribiste muchas cosas bonitas como de costumbre, pero me gustan porque lo que me dices me hace sentir muy bien y la autoestima me sube, gracias.

—Sobre lo que me contaste también en ese email de los productos que estás vendiendo, cuando vaya allá, me los enseñas que me interesa. Es más, ¿no tienes uno que elimine diez o quince años de cantazo? ja, ja, ja—preguntó él.

—Eso todavía está difícil de inventar, pero los productos que te mencioné son muy buenos. Yo los uso y me siento de maravilla y a mis papás les han resultado muy bien.

—Te cuento que la sorpresa que te pienso llevar, hoy la recogí y quedó de ''show''. Te va a gustar.

—Me tienes intrigada con esa sorpresa. No sé lo que es, pero me va a gustar porque tú eres muy detallista.

—Anoche cuando entré a FaceBook, estabas conectada. No entré a chatear contigo porque pensé que el que estaba conectado era tu hijo.

—No, era yo, pero tú te desconectaste rápido.

—Me puse a escribir sobre la historia de Esteban y Raquel. Recuerda que te dije que yo uso los diálogos que tenemos por internet y por teléfono, luego los edito y escribo la información.

—Es bien interesante cómo tú haces esos diálogos. Estoy intrigada por leerlos. Esteban, ya llegué a mi casa así que me despido. Que tengas buenas tardes.

—Si te conectas a FaceBook a la noche, hablamos más. Buenas tardes y sabes que te quiero mucho.

Por la noche, Esteban se conectó tarde a FaceBook y ya estaba Raquel conectada.

—¡Hola preciosa!

—Buenas noches. Creía que hoy no te conectarías porque llevo un buen rato conectada y no te veía en la pantalla.

—Fue que me conecté tarde. Estaba viendo una película en la televisión que me interesaba ver. Hoy la pasaron y aproveché para verla. Leíste el email que te envié sobre la viejita del supermercado, se las trae la vieja.

—No lo he leído. ¿Lo enviaste a mi email?

—Sí, léelo, que te vas a reír con las ocurrencias de la viejita, que es bien lista. Así que, cuando estés en un supermercado comprando y se te aparezca una viejita confundiéndote con una hija, no le hagas caso.

— Ok, está muy bien. ¿Viste mi foto con el nuevo color de pelo? ¿Te gustó?

—Sí, la vi y le escribí un comentario: ''fabulosa, de show''. Qué suerte tienen algunas mujeres, que todo les queda bien.

—Ja, ja, ja. Muchas gracias por lo que me toca.

—¿Compraste lo de tu hijo? ¿Cuál es su nombre? Porque van a aparecer en la historia que escribo en algún momento. Recuerdo que el nombre de tu hija que es ''Pamela'', ¿correcto?

—El nombre de mi hijo es "'Jaime'' y ''Pamela'' el de mi hija. Como es tarde, me voy a dormir. Como siempre, que duermas bien y buenas noches.

—Buenas noches. Bye.

Por varios días, Esteban habló con Raquel por teléfono y otras veces por internet. Faltan como tres semanas para el viaje y él ha comprado algunas cosas para llevar, pero le faltan otras todavía. Ya entonces esperaba por la noche chatear con ella para ir planificando lo del viaje.

Por la noche, se conecta a FaceBook, pero ella todavía no está conectada. Verifica otros mensajes que tiene en su email y contesta varios de ellos. De repente, ve el nombre de Raquel en la pantalla y procede a saludarla.

—Hola. Buenas noches.

—Buenas noches. ¿Cómo estás hoy?—preguntó ella.

—Como siempre, bien y mejorando. Quiero pedirte excusas porque anoche, me desconecté de momento y cuando volví te habías ido.

Como ella se tardaba en contestar, él le escribe, "Si estás ocupada o hablando con otra persona, dímelo y te hablo más tarde".

—No, estaba buscando algo y quitándome la ropa para ponerme algo y estar más cómoda.

—¿Ya celebraron la graduación de tu hijo?

—Todavía no. Es la semana que viene, pero mañana es el baile.

—Quiere decir que allá se hace la fiesta primero y luego hacen la graduación. ¿De qué grado se graduó tu hijo?

—Sí, aquí es la fiesta primero y luego se hace la graduación. Se gradúa de octavo grado, porque es diferente a Puerto Rico, donde se gradúan de noveno grado.

—¿Tú vas con él de pareja o chaperona?

—Yo no voy. Él tiene pareja. Lo que hago es que lo llevo y después lo voy a buscar, porque la fiesta la hacen en la misma escuela.

—Los padres ¿no participan de la fiesta?

—Algunos, los que son de la directiva y yo no soy de la directiva.

—¿Recuerdas lo buenos que eran los bailes de graduación en Puerto Rico y los de ''class night''?

—Así es, pero aquí es totalmente diferente.

—Me imagino que tú te gozaste los tuyos de noveno, class night y cuarto año.

—Si te digo que yo no tuve esa experiencia por culpa de mi papá, que no me dejó ir a ellos. Sólo fui al ''class night''.

—¡No me digas que tu papá no te dejó pasar por esa ilusión! Digo, porque antes uno soñaba con esos bailes todo el año, tanto los varones como las hembras y era la ocasión de ponerse la mejor vestimenta.

—¡Claro que lo recuerdo! ¿cómo olvidarlo?, pero mi papá era muy estricto conmigo y mal pensado. Como él no tuvo esa experiencia, no sabía lo mucho que significaba para mí. Yo lloré mucho al ver a mis compañeros ir y desde mi casa oía la música en la fraternidad.

—Me imagino tu frustración, porque todo el año uno pensaba y se preparaba para esa ocasión.

—Yo era buena hija y buena estudiante y me merecía ir, nunca le daba motivos para que desconfiara de mí y, con todo y eso, no me dejó ir.

—Es que antes muchos padres se criaban a la antigua y seguían el ejemplo de sus papas. En otras palabras, eran unos brutos.

—No sé lo que le pasaba a mi papá, porque siempre me deseaba lo peor. Sin embargo, he sido la única que he luchado y salido hacia adelante. Y nunca le di dolores de cabeza.

—Parece que él era medio cascarrabias o te quería para monja.

—No sé si me quería para monja, pero nunca he podido comprender el comportamiento de mi papá conmigo. Sin embargo, se ha dado cuenta de que, de todos, yo soy la única que no le he faltado el respeto y con la que pueden contar para lo que sea.

—A lo mejor tuvo su favoritismo con sus otros hijos.

—Quizás, ya de adulta, un día me llamó por teléfono para hablarme del pasado y por qué fue así conmigo. Le dije que ya no importaba, porque lo pasado no se puede borrar, pero sí mejorar.

—A mis hijos, yo les orientaba y les daba la confianza y los dejaba ir a las fiestas y nunca me fallaron.

—Eso hago yo con los míos. Les doy mucha confianza y hablo con ellos. Si lo hacen mal no es por falta de orientación.

—¡Qué bueno que has superado eso! En vez de llevar ése resentimiento por dentro.

—Te digo que nunca tuve ese resentimiento.

—¿De veras? Pero al hablar conmigo de eso, noto la tristeza en ti.

—No hablo mucho de eso, pero como me pusiste el tema. Lo comenté contigo, aunque él ahora habla maravillas de mí y dice que soy su mayor orgullo.

—Ahora se siente orgulloso de ti, como ha visto que has luchado sola y has salido hacia adelante sin la ayuda de él.

—Así es. Ahora, él es el que me ha pedido ayuda a mí y yo siempre le ayudo.

—Es que tú eres de esas mujeres únicas, de las que, a pesar de todo, siempre tienen una sonrisa para regalar, es por eso que te quiero tanto.

—Trato de ser lo más dulce que pueda.

—¿Sabes lo bueno de estos diálogos que tenemos tú y yo? Que nos sirven de paños de lágrimas y nos contamos cosas mutuamente.

—Me han servido de mucho y me ha venido bien chatear contigo a cada rato y contarte muchas cosas. ¿No te empalagas con tanto que te hablo?

—Hablar contigo jamás me empalaga, porque tú sabes alegrar el alma y el espíritu. Sobre lo que dijiste de que tratas de ser lo más dulce que puedas, si fuera diabético me llenaría de esa dulzura aunque me muera, ja, ja, ja.

—Ja, ja, ja—rió ella.

—Le pido a Dios que no suceda nada y pueda pasar esos tres días maravillosos contigo y que sean inolvidables para mí y podré terminar mi historia.

—Así espero. Y sé que los vas a pasar muy bien.

—Estoy un poco intranquilo con el viaje, por los diferentes aviones que tengo que coger.

—Es que vas a hacer muchas escalas.

—¿Qué me tienes de sorpresa?

—¡A mí! Y te voy a enseñar el lugar donde vivo, trabajo y algunos sitios de diversión.

—Ya falta poco para irte a visitar y estoy contento porque es una nueva experiencia para mí. ¿Estás contenta?

—Yo te espero y te voy a enseñar todo esto por aquí. ¿Qué quieres hacer?

—Para mí, lo importante es estar esos tres días contigo y pasarla bien. Desde ahora te digo que el viernes y sábado quiero invitarte a comer y a bailar.

—Ya tengo en mente a qué sitios te voy a llevar y la vamos a pasar muy bien.

—Formidable. De eso te encargas tú. Yo voy a donde tú me lleves.

—Bueno, Esteban, me estoy despidiendo. Hemos chateado mucho esta noche y 'hace' sueño. Que tengas buenas noches.

—Adiós y que tengas buenas noches. Bye.

Por momentos, Esteban, en su mundo de soledad, medita sobre esta relación que ha iniciado a través de la internet con Raquel. Vienen a su mente varias interrogantes; ¿Cuánto tiempo durará? ¿A dónde lo llevará?,¿Valdrá la pena fomentar esa relación? ¿Qué logrará?

Sin embargo, tiene ciertas repuestas y a veces no son las de su agrado. Quiere seguir para ver hasta dónde llegará y en qué se beneficiará o se perjudicará.

Lo importante para él es que pase el día y que llegue el siguiente, para poder comunicarse con ella. Pasaron dos noches sin hablarse, y en la tercera esperaba tener más suerte, porque no le gusta que pasen varios días sin saber de ella. Esa situación le crea ansiedad, porque ya se ha acostumbrado y, como con toda costumbre, las cosas se hacen parte de uno y son necesarias.

Chatear con ella por las noches se ha hecho tan necesario que, cuando no ocurre, es como cuando no come, o como cuando el adicto no ha consumido su dosis de drogas, o como cuando tienes sed y no has podido tomar agua.

Esta noche espera hablar con ella como de costumbre sobre diferentes temas, porque siempre surge un tema nuevo de qué hablar.

Luego de haber encendido su computadora y conectarse, ¡bingo! su querida amiga está conectada. Él tiene el deseo de inmediatamente saludarla, pero espera un momento a ver si ella inicia la conversación. Piensa que si está conectada puede estar hablando con otra persona y no le gusta interrumpirla.

—¡Hello!—finalmente saludó ella.

—¿Cómo se encuentra la chica más linda del universo?—comenzó él.

—¡Wow! 'La más linda', como me motivas con tus palabras. Pues, estoy bien, aunque esta semana se me hizo larga y sólo trabajé cuatro días.

—Yo, aburrido en mi casa. No he podido salir porque está lloviendo a cántaros. O sea, mucho.

—No te preocupes. Tienes más días para salir. Es más, cuando vengas, te prometo que te sacaré todos los días.

—Eso está chulería, pero lo que pasa es que yo espero el fin de semana con pasión, porque son los únicos días que salgo de la semana. El resto los paso encerrado.

—La lluvia es obra de la naturaleza y con eso no puedes hacer nada.

—Tienes toda la razón tendré paciencia. Qué mucho hablamos la última vez que chateamos. Y de diferentes temas.

—Por eso me gusta hablar contigo, porque siempre tienes cosas interesantes de qué hablar y no me aburres.

—Que bueno que me digas eso, porque a veces me pregunto si te empalago con mis charlas. A mí, me gusta hablar mucho contigo, porque me cuentas cosas tuyas y así te conozco mejor. Recuerda que fueron casi treinta años que no supe de ti.

—Así mismo es, treinta largos años que me fui de Puerto Rico y nadie más supo de mí. Solamente mi mejor amiga Alicia.

—Ésa fue tu gran amiga. Fue mi discípula también.

—Cuando voy de visita a Puerto Rico, siempre voy a su casa. Vive en el mismo sitio al lado de su mamá.

—Me quedé pensando en todo lo que me contaste de la graduación, lo de que tu papá no te dejó ir a los bailes. El tipo bregó mal. Estuvo 'camarón'. Todo eso lo escribí en la historia que escribo.

—Qué muchas cosas van a aparecer de mí en esa historia.

—Pero si se trata de tu vida, tiene que aparecer todo lo que se pueda.

—Creo que va ser muy interesante.

—Para mí, sí, porque la estoy haciendo con las conversaciones que tenemos por internet y por teléfono, y es algo nuevo y diferente.

— ¡Qué chévere! ya la leeré.

—¿Llevaste a tu hijo a la fiesta de graduación que me comentaste que era hoy?

—Ya lo llevé a él y a dos amiguitos más, pero dentro de tres horas, más o menos, tengo que ir a recogerlo.

—¿Eso dura la fiesta? No vale la pena vestirse para tan poco tiempo. ¿Qué le regalaste por haberse graduado?

—Todavía no le he comprado nada, aunque yo le regalo casi todos los días. Quizás le dé dinero para que se compre lo que quiera y luego lo llevo a un parque que es lo más que le gusta a él.

—Bueno, eso es cierto siempre. Uno les está regalando a los hijos lo que no hacían nuestros padres con nosotros.

—Él se lo merece. Se graduó con altos honores y varios certificados por destacarse en los deportes.

—¿Qué deportes practica?

—Football americano y baloncesto.

—Esos son deportes fuertes, especialmente el football.

—Lo sé, pero como es un muchacho grande y fuerte, los coaches se pasan detrás de él.

—A lo mejor sale un buen jugador y te lo reclutan para jugar como profesional por muchos millones y te hace rica, aunque tú ya estás bien rica mami, ja, ja, ja.

—Ja, ja, ja, tú con tus ocurrencias.

—Para esos dos deportes que él practica, el físico es bien importante y, si es como tú dices, puedes llegar muy lejos. Lo que tú debes hacer siempre es motivarlo y respaldarlo, a que siempre practique mucho, ahí está la clave del éxito la dedicación.

—Tienes razón en lo que dices, pero a veces, por mi horario de trabajo, se me hace difícil llevarlo a la práctica, pero mi hija me ayuda con eso.

—Eso es bueno, que la hermana le dé la mano y lo ayude también.

—Ellos se llevan muy bien, pero en esas situaciones es que me doy cuenta de lo sola que estoy, pero nada es imposible y siempre se encuentra a alguien que nos ayude. Además, los entrenadores se portan muy bien.

—Entiendo. A veces, el trabajo limita el tiempo que se le puede dedicar a ellos, pero has lo imposible para que siga hacia adelante. Recuerda que, si sale buen deportista, las universidades les dan becas y si lo becan es porque es bueno.

—Yo siempre estoy con él en todo lo que pueda.

—El problema es que se enamore antes de tiempo. Que enamorarse no es malo. Eso es lo mejor. Pero que establezca prioridades y sepa lo que le conviene.

—Yo espero que lo sepa hacer. Y si se enamora, que sea de una buena chica, porque mi hijo es un amor. Tiene un corazón de oro y muy sensible. Se parece mucho a mí en su personalidad.

—Tenía a quien salir, a su hermosa madre. Tú tienes un corazón que vale oro, y muchas cosas bonitas.

—Ay, muchas gracias. Pero él es un buen hijo y una gran persona. Le encanta estar envuelto en las actividades de la escuela, trabaja en la oficina y hace muchos trabajos voluntarios. Con decirte que él ya tiene un resumé de varias cosas que ha hecho y sólo tiene quince años. Me siento muy orgulloso de él.

—Ahora tienes que tener cuidado, porque allá los jóvenes cuando cumplen dieciocho años, les da con irse a vivir solos y hacer vida independiente.

—La hija mía tiene veintiún años y todavía vive conmigo.

—Pero una vez me dijiste que ella se fue a vivir sola, aunque luego regresó porque se dio cuenta de que no era tan fácil. También pasa que los latinos somos más paternales y maternales.

—Ella se dio cuenta de lo difícil que es bregar sola y luego se pasaba preguntándome que cómo yo lo hacía para bregar con los dos.

—Eso pasa con la mayoría de la juventud de ahora, que se ahogan en un vaso de agua, a veces hay que dejarlos solos para que aprendan.

—En eso que dices tienes mucha razón. Las madres mimamos mucho a los hijos.

—Por otra parte, es bueno para ti que estén contigo, para que no te sientas tan sola. Espero que sean agradecidos contigo y, cuando los necesites, no te fallen.

—Hasta el momento, no han fallado y siempre están ahí por mí. A principio de año, tuve una enfermedad y me cuidaron muy bien. Mi hija me acompañó al médico muy preocupada y pidió varios días de su trabajo para cuidarme. De eso no me puedo quejar y él me llevaba el desayuno a la cama y ayudaba en las cosas de la casa. Somos muy unidos. Ellos son mi todo y yo el de ellos.

—¡Qué bueno! Mantén esa unidad familiar. Que se ayuden mutuamente y cuando formen un hogar van a tener los cimientos para formar una familia.

—Por eso, siempre he luchado por ellos y sola, sin la ayuda de nadie.

—Sabes que tienes un amigo en mí en las buenas y en las malas. Y siempre hacia adelante; nunca para atrás.

—Yo digo que con ponerme histérica no resuelvo nada y Dios siempre te da cargas que puedas llevar.

—Porque Dios siempre está con uno. Lo que pasa es que, a veces, no nos damos cuenta de la presencia de él. Muchas veces, estamos en una situación económica que no es la mejor y pensamos que él no nos ayuda. Pero, por la mañana, nos permite levantarnos para que podamos trabajar. Nos da la salud. Cuando se está en situaciones difíciles, él le va proveyendo a uno las maneras para resolverlas. Ahí es que está la presencia de Dios.

—Te digo que lo primero que hice cuando me entregaron la llave de la casa, llevé a alguien para bendecirla.

—¡Qué bueno! Eso está bien, para que se vaya la mala vibra, como dicen los mexicanos.

—Llegó la hora de ir a buscar a mi hijo. Así que, que duermas mucho y sales el próximo fin de semana.

—Ten cuidado y que el Señor te cuide. Recuerda, sólo faltan dos semanas para hablar personalmente.

—Así es. Que pases un rico fin de semana. Bye.

—Adiós y buenas noches.

Todos los preparativos para el viaje iban viento en popa. Ya Esteban había ido comprando lo que necesitaba para su anhelado viaje y cada día estaba más impaciente. Se hacía varias preguntas mentalmente, pero las repuestas las obtendría cuando estuviera frente a su amiga Raquel.

Como todos los días, ése día esperaba con ansias que llegara la noche para, como de costumbre, conectarse a su computadora y chatear con Raquel. El día anterior no había podido chatear con ella y ya le parecía una eternidad, pero esa noche sí lo haría.

Encendió su computadora y, como en la inmensa mayoría de las veces, ella no estaba conectada. Pensó que a esa hora ella podía estar cenando con su familia. Pasó un rato largo y no se conectó. Entonces, él decidió salir de FaceBook y trabajar en su historia.

Como una hora después, entró de nuevo a FaceBook y ya Raquel estaba conectada. No perdió tiempo y de inmediato la saludó.

—Niña, buenas noches.

—Hola, buenas noches.

—Hace un rato me conecté y, como no te vi, me fui a revisar mi escrito y me conecté ahora de nuevo. ¿No te interrumpo?

—No, sólo estoy mirando televisión y descansando un poco porque caminé mucho hoy.

—Si te interrumpo, me lo dices. Conmigo no hay problema y así puedes descansar.

—No te preocupes. Yo disfruto más hablando contigo y me distraigo más.

—Es que yo no me acostumbro a estar en mi casa viernes y sábado. Pero no me siento bien y no quise salir. Achaques de viejo. Cuando tenía veinte años, no me daba nada de eso.

—Pero tú no eres tan viejo.

—Como dicen por ahí, levemente usado. Ja, ja, ja.

—A mí me encanta estar en mi casa. Más un día como hoy, que pasé casi todo el día afuera y llegué hace un ratito.

—Me imagino que en el pasatiempo favorito de las mujeres, ¿"de shopping"?

—Más o menos. Compré unas cositas que me hacían falta para la sala de mi casa, porque la estoy decorando poco a poco. Luego fui a la casa de mi jefe que me invitó a la fiesta de graduación de su hija, pero regresé pronto porque la fiesta estaba muy aburrida.

—Es que esas fiestas de allá, de acuerdo a lo que tú me has dicho, son medio flojas.

—Ni música tenían. Y muy sosas. Aproveché y me fui de shopping, aunque yo no soy muy amante a ir de compras porque tengo otras responsabilidades que cumplir y rendir el dinero.

—Tú eres práctica en eso de comprar. Compras lo necesario y cuando se pueda. Eso está muy bien. No gastar el dinero en lo que no se necesita. Te felicito. Algún día podrás comprar todo lo que quieras.

—Cuando se pueda. Cuando no se puede, bien para mí. No me desespero por eso.

—¿Cómo va lo del arreglo de la barriguita?

—No lo he chequeado todavía, pero voy a averiguar para saber cómo es el proceso y el costo.

—Chequea, que a lo mejor un día de estos surge una sorpresa.

—Lo voy a hacer. Y si lo puedo hacer en diferentes pagos, mejor para mí.

—Lo tuyo es algo leve. Lo mío es más. Se tardan como cinco años en repararme. Ja, ja, ja.

—Ja, ja, ja. ¡Qué loco! No se tardan tanto contigo.

—Eso te lo voy a obsequiar completo. Confía. Ya verás. Confía en mí.

—¡Wow! Esteban ¿harías eso por mí? No lo puedo creer. Pero de todas maneras, gracias, lo haré cuando pueda.

—Lo que tú te vas a hacer, eso tarda pocos días en recuperarse y quedas nueva, de paquete.

—Creo que envían al paciente a su casa el mismo día y la recuperación tarda como una semana.

—¿Ya estás ''ready'' para cuando vaya a visitarte? Tienes que estar en condiciones, porque quiero bailar contigo.

—Más o menos. Pero voy a estar en condiciones no te preocupes.

—Eso quiere decir que estás ''ready'' para el mambo. Ja, ja, ja.

—Ja, ja, ja. Tengo que ponerme en forma pues no estoy como a mí me gusta estar.

—No me digas eso. ¡Si tú te ves perfecta en todas las fotos que pones en FaceBook!

—Bueno, si tú lo dices. Lo que pasa es que tú me miras con los ojos del corazón y me ves siempre bonita.

—Las fotos no mienten. Ahí sales tal y como eres. No mienten.

—Ok. Hablamos después. Me tengo que despedir porque me está llamando mi prima, que tengas buenas noches. Bye.

—Adiós y que pases muy buenas noches.

El próximo día era domingo. Faltaban alrededor de dos semanas para que Esteban fuera a visitar a Raquel. Ya tenía casi todo lo que necesitaba para el viaje.

Tuvo el deseo de llamar a Raquel para hablar con ella escuchando su voz, pero desistió de la idea porque pensó que, como era domingo, a lo mejor salía a dar un paseo con su hijo o alguna amistad.

Decidió esperar a la hora acostumbrada para comunicarse con ella, que era por la noche. Se conectaría a FaceBook como siempre y verificar si estaba conectada también para chatear un rato y saludarla.

Cuando eran más las siete de la noche, él se conectó a FaceBook y vio en la pantalla que ella ya estaba conectada. Decidió esperar esta vez a que ella tomara la iniciativa y se comunicara con él, ya que casi siempre era él quien empezaba a chatear.

Fueron pasando los minutos y ella no se comunicaba. Pensaba que, si no se comunicaba, a lo mejor estaba hablando con otra persona, estaba ocupada en otra cosa o estaba conectada, pero no estaba ella presente.

Los minutos se hacían bien largos. Había pasado como media hora desde que estaba conectada pero no se comunicaba. Esteban pensaba que a lo mejor ella estaba esperando que él iniciara la conversación.

Luego de haber pasado otros diez minutos, Esteban se estaba desesperando e iba a iniciar el chateo. De momento, sonó su teléfono. Era ella que lo estaba llamando.

—¡Hola Esteban! ¿Cómo estás?

—Qué grata sorpresa escuchar tu preciosa voz.

—¿Por qué grata sorpresa? Y gracias por lo de la voz.

—Es que van a ser las ocho de la noche y no esperaba tu llamada. Te vi conectada a FaceBook y creía que me ibas a chatear.

—Pero decidí llamarte para variar y así comunicarnos directamente y me alegro de que te sorprendiste.

—Por mí, encantado de escucharte. ¿Y hoy? ¿No saliste a dar un paseo?

—No, me quedé todo el día en casa decorando la sala con lo que te dije ayer que compré.

—Ya que trabajas durante la semana, debes aprovechar el domingo para hacer esas cosas.

—Tienes razón. También aproveché y estuve averiguando lo de la barriguita. Encontré que en el área que yo vivo hay un médico hispano que hace esas operaciones. Dicen las recomendaciones que es muy bueno.

—Eso es bien importante. Verificar que sea un cirujano bien cualificado y que posea todas las licencias del Estado.

—Mañana voy a llamar para verificar cuáles son las alternativas de pago. Yo tengo una amiga que se fue a Colombia y le quedó muy bien lo que le hicieron y más barato, pero luego tuvo complicaciones y los médicos de acá no querían bregar con el problema que tenía y tuvo que volver a Colombia para tratamiento.

—Es mejor pagar más y que salga bien, y que no haya problemas o complicaciones.

—Estoy de acuerdo contigo. Por eso voy a verificar por acá. Oye, esos coquíes están bien alborotados esta noche.

Los escucho clarito acá y casi no escucho lo que tú me dices.

—Es que cuando la noche está lluviosa ellos se 'esmandan' y forman una orquesta.

—¿Te dije que ayer estuve en una fiesta en la casa de mi jefe y viré enseguida porque estaba bien floja y aburrida?

—Sí, me lo dijiste y que ni música tenían.

—Eso fue así, pero el señor tiene una casa enorme y muy bonita. Una vez yo fui acompañando a otro jefe a una fiesta. Me invitó para aparentar ante lo amigos y que ellos vieran con quién iba, pero en la fiesta me dejaba sola y no disfrutaba nada. Le pedí que me llevara de regreso o me iba a pie. Son unos zánganos con sus fiestas.

—Fue que vio una mami tan rica como tú y quería darse el guille ante sus amigos.

—Gracias, por lo de 'mami rica'. Tú siempre con palabras de elogio para mí.

—Tú te las mereces. No estoy diciendo mentiras.

—Pienso hablar con el nuevo jefe, a ver si me aumentan las comisiones por mi trabajo, porque ellos se lo ganan todo.

—Debes exigir lo justo por tu trabajo y si valoran la calidad de empleada que eres deben aumentártelas.

—Cuando vengas te voy a llevar para que veas donde trabajo y conozcas mi casita, y lo escribas en la historia.

—Claro que sí. Tengo que conocer esos dos lugares. Son bien importantes para lo que estoy escribiendo.

—Aquí hay que trabajar mucho. Las cosas son muy caras. Especialmente los seguros de carros y viviendas.

—Demasiado caros. Suerte que tú eres una mujer práctica y estiras el pie hasta donde da la frisa, y bregas con el presupuesto que tienes.

—Tienes razón. Yo no vivo de apariencias y me limito a lo que yo pueda.

—Cuando vaya para allá, ¿vas a enviar a tu hijo ese fin de semana con los amiguitos? Porque tu hija es grande y trabaja.

—Sí, estoy planificando eso, aunque él y muchos de sus amiguitos se pasan aquí.

—Le dijiste que un amigo tuyo va a visitarte.

—Le dije que vienen unos amigos de Puerto Rico y que esos días estaré ocupada atendiéndolos. Bueno, Esteban, me alegro que estés bien. Luego vuelvo y te llamo. Que pases buenas noches.

—Seguro que voy a pasar buenas noches, luego de escuchar esa voz tan linda. Gracias por haber llamado y que duermas bien. Buenas noches.

Al siguiente día, Esteban se levantó muy contento porque se dio cuenta de que Raquel piensa mucho en él. Prueba había sido la llamada que le hizo la noche anterior.

Continuó con los preparativos del viaje y siguió comprando las cosas que se llevaría. También seleccionó la ropa que llevaría para ponerse por el día y la que compraría para usarla por la noche cuando saliera a comer y a bailar con ella.

Además, visitó a un amigo que le proveería unos refuerzos que necesitaba, por si había que 'meter mano', tener con qué responder. Aunque la idea no era esa. Ya ella se lo había dicho muy claro, pero como dice el refrán sobre el preso, ''de la esperanza vive el cautivo''. Después de compartir esos días, no se sabía qué podía suceder, aunque él estuviera muy claro y no fuera con esas ideas.

Ya de noche, se conectó a su computadora como de costumbre y ella no estaba conectada. Decidió mantenerse en FaceBook. De momento, alguien se conectó y lo saludó, pero no era ella. Era un amigo de él que hacía tiempo que no se comunicaba y aprovechó el momento para saludarse.

Después de varios minutos, su amigo se despidió y se quedó en espera a que ella se conectara.

—Hola, buenas noches—comenzó ella.

—¿Cómo se encuentra la dama más simpática y preciosa? ¿O me equivoco?

—Gracias por el piropo. Estoy bien. ¿Y tú?

—Haciendo la lista de lo que voy a llevar, para que no se me olvide nada.

—Todavía faltan muchos días para el viaje.

—A mí me gusta hacer las cosas con tiempo. Sobre lo que me dijiste de la barriguita, ¿llamaste ya?

—Sí, tengo consulta el día veintiuno de este mes. En esa cita, me dicen con exactitud lo que vale el procedimiento.

—No debe salir tan caro, porque lo tuyo es sólo la barriguita. Si fuera a mí, que es un barrigón lo que tengo, saldría carísima. Ja, ja, ja.

—Se puede hacer un plan de pago, a través de una tarjeta de crédito que ellos ofrecen. Pero me informaré cuando vaya a la cita.

—A ti lo que hay que arreglarte es algún chichito que se te ha salido de sitio. Ja, ja, ja. Estoy contento. No sé por qué o es a lo mejor por ti.

—¿Por qué por mí?

—Por ti, porque tú me alegras la vida. Anoche mismo, no esperaba que me llamaras y llamaste. Eso tiene mucha importancia para mí, porque hay una amiga que pensó en mí y yo aprecio esos detalles.

—¡Qué lindo! Me alegro porque pueda alegrar la vida de un amigo como tú.

—Éste es el número del vuelo y la hora a la que llego, para que lo anotes.

—Dímelo. Ok, ya lo anoté.

—A mí me gusta viajar y hace un tiempo que no lo hago. Por eso quiero dar este viaje.

—A mí también, y cumplir mi sueño que es viajar el mundo especialmente a España.

—Nunca pierdas la fe en que a lo mejor algún día se te dé. ¿Ya estás preparada para llevarme a todos esos sitios bonitos que tú conoces? No hagas compromisos con nadie esos días.

—No te preocupes, esos días te los voy a dedicar a ti. Lo vas a pasar muy rico. Te prometo que te vas a olvidar de la monotonía.

—Me siento bien feliz con eso que me dices y sé que lo voy a pasar bien porque tú serás mi compañía.

—Esteban, es muy tarde. Espero que descanses y que tengas buenas noches.

—Pensando en ti me voy a dormir. Buenas noches, preciosa. Adiós.

Varios días habían pasado desde que Esteban había chateado con Raquel y, como se había acostumbrado tanto a hacerlo con frecuencia, estaba deseoso de poder comunicarse con ella.

Algunas veces, dejaba pasar varios días, porque como había hablado tanto con ella durante meses, no encontraba temas de conversación, y no le gustaba hablar de lo mismo o ser repetitivo.

Ése día, había estado fuera de su casa. Tuvo que ir a hacer unas diligencias por el área metropolitana de San Juan y llegó pasadas las siete de la noche.

Cuando se conectó a su computadora había un mensaje de ella donde le expresa lo bonito del mensaje que le había enviado él ése día.

Luego de esperar un buen rato, a ver si ella se comunicaba. Al confirmar que ella no lo haría, porque se desconectó de FaceBook, Esteban decidió desconectarse viendo que no podría chatear con su amiga Raquel. Esperaría al próximo día a ver si tiene más suerte y se puede comunicar.

El día siguiente era el día de la semana en que Esteban normalmente salía a compartir un rato con sus amigos y regresaba a su casa pasada las doce de la noche. Sin embargo, esa noche regresó más temprano que de costumbre, como a las diez y media de la noche y decidió conectarse a FaceBook.

De repente, notó que Raquel también estaba conectada y, como hacía varios días que no chateaba con ella, de inmediato la saludó.

—¡Hola guapa! ¿Cómo te encuentras?

—Buenas noches. ¿Cómo estás? Qué raro que hoy estés conectado a FaceBook y más a esta hora. Te hacía disfrutando el viernes social.

—Salí un rato, pero el ambiente estaba flojo y mi amigo no estaba tocando la guitarra esta noche y decidí regresar temprano.

—Yo estaba con mi hijo en actividades que han tenido después de graduarse. Lo acompaño o lo llevo y después lo busco.

—Estuve viendo los retratos de la graduación de tu hijo y noté lo orgullosa que te ves al lado de él.

—Es que ese nene es una chulería y cada día estoy más orgullosa de él.

—Que bueno me alegro por ti y le deseo lo mejor a él.

—Muchas gracias por esos buenos deseos para mi hijo. Te digo que pasé un día fatal con la mamá de un amiguito de mi hijo.

—¿Qué te pasó?

—Tú sabes que yo, gracias a Dios, he sabido educar a mi hijo y enseñarle cosas positivas, ella no ha hecho lo mismo con su hijo y el nene está descontrolado. Pero ella no lo acepta, se lo he dicho y hemos discutido.

—¿De dónde es la señora?

—Es de Colombia.

—Escucha Raquel, no te preocupes mucho por eso porque, a la larga, no te lo va agradecer. Tu responsabilidad es tu hijo y eso es lo que te debe importar.

—Eso pienso y, a veces, por hacer favores, se mete uno en problemas.

—Así pasa y la gente no agradece nada.

—¿Estás ya preparado para el viaje en los próximos días?

—Todos los días los voy contando y estoy deseoso de que llegue la fecha.

—¿Para qué?

—Tú sabes para qué, para estar contigo y verte.

—¿Cómo vas a reaccionar cuando me veas en el aeropuerto esperándote?

—Te voy a dar un abrazo bien fuerte para que toda esa energía que tienes me la transmitas a mí.

—¡Wow! ¿Eso nada más?

—Si quieres, te doy un besito bien cariñoso.

—Si es de amigo, sí.

—Tú pones las condiciones. Entonces, te lo daré de amigo.

—¿Cómo esperas pasar esos días por acá?

—Si estoy contigo, serán maravillosos.

—Te prometo que los vas a pasar muy bien. Te lo aseguro.

—Hoy, me entregaron lo que pienso llevarte, que será una sorpresa. Lo vi y quedó brutal. Es más, de ''show''.

—¿Qué será esa sorpresa? Cada día estoy más intrigada.

—Ya pronto sabrás lo que es y estoy seguro de que te va a gustar.

—¿Por qué tú me admiras tanto y me haces tantos halagos? ¿Qué es lo que tengo para que me veas así?

—Tienes muchas cosas bonitas. Fíjate que con sólo hablar contigo, porque no te veo, he logrado conocer tanto de ti, y todo eso ha hecho que surja este cariño tan especial que siento por ti.

—Tú eres una persona bien ''nice'', muchas gracias por verme así.

—Ya me haces falta y el día que no chateo contigo me siento mal.

—Te digo que a mí me está pasando lo mismo. Me he acostumbrado a chatear contigo y, cuando pasan varios días sin hacerlo, lo extraño también. Es más, los mensajes que me envías todos los días son como alimento para mi alma.

—Qué bueno que te sientas así porque te los envío para que te sientas bien, porque lo que te digo en ellos es lo que siento de verdad.

—Bueno, Esteban, ya son más de las doce de la noche y se me cierran los ojos del sueño que tengo. Buenas noches y que descanses mucho.

—Buenas noches para ti, mi reina.

Los días fueron pasando y faltaban como dos semana para el viaje de Esteban. Todavía le faltaba comprar unas cuantas cosas más que necesitaba.

Por ser fin de semana, no se había comunicado con ella desde el viernes y esperaba que ese día domingo pudiera chatear con ella un rato.

Como eran más de las siete de la noche, se conectó a FaceBook con la esperanza de que ella estuviera ya conectada y pudieran chatear como de costumbre, pero no logró el propósito y decidió más desconectarse.

El lunes por la tarde a eso de las cinco y media Esteban recibe una llamada de Raquel.

—¡Hello! Buenas tardes—Respondió él.

—¿Cómo estás Esteban?

—Muy bien. Hoy estuve comprando varias cosas que me hacen falta llevar para el viaje.

—Ya pronto estarás por acá. Te estoy esperando para llevarte a varios sitios.

—Eso espero, porque el poco tiempo que voy a estar quiero aprovecharlo al máximo.

—No te preocupes, que te complaceré en lo más que pueda.

—El sábado te llamé como a las siete y media de la noche, pero con tan mala suerte que me salió la voz de la grabadora.

—Lo que pasó fue que no me encontraba en mi casa. Me habían invitado a una actividad de un compañero de trabajo que se le graduó un hijo. Por lo menos, esa fiesta estuvo mejor que la otra a la que fui.

—Me alegro porque te distraigas un rato, porque no es sólo trabajar en esta vida.

—Hoy tomé el día libre en el trabajo, porque anoche tuve que acompañar a mi hermana al hospital. Estaba enferma con fiebre. Luego llegué a mi casa como a la una de la mañana y me quedé descansando.

—Es bueno que, de vez en cuando, tomes un día libre por enfermedad.

—Lo que pasa es que a mí no me gusta faltar al trabajo a menos que sea una emergencia.

—Es que debe ser así. Los trabajos son para cumplir con ellos y no faltar por vicio.

—Voy a aprovechar este momento, antes de que llegue la noche, para lavar mi carro que está sucio. Así que seguimos hablando en otra ocasión. A la noche, me conecto a FaceBook y continuamos dialogando.

—Hace como tres días que no nos comunicamos. Recuerda que la historia que estoy escribiendo es en base a los diálogos que ambos tenemos por Internet o por teléfono. Si no hay diálogo, no tengo nada que escribir.

—Lo sé. Me comunicaré contigo lo más que pueda. Tú sabes que yo estoy bien entusiasmada con lo que estás escribiendo.

—Entonces, continuamos después. Que tengas buenas tardes.

Esteban siguió preparando las cosas para su viaje. Ya había seleccionado la ropa que se llevaría y compró casi todos los artículos que necesitaba para el viaje. Tenía dudas sobre algunas cosas que tenía que llevar y necesitaba hablar con ella para preguntarle sobre esos detalles.

El viernes anterior había sido el último día que Esteban había chateado con Raquel. Habían pasado cuatro días desde que hablaban, aunque ella lo había llamado el lunes, porque la conversación entonces había sido muy superficial. Como le había indicado a ella, él necesitaba de los diálogos para seguir escribiendo la historia de ambos.

Pensó que tan pronto esa noche se conectara y viera el nombre de ella en la pantalla, iba a empezar a chatear con ella y tener material suficiente para seguir escribiendo. Muchas veces, él esperaba a que ella iniciara el chateo, luego, ella no lo hacía, se desconectaba y no hablaban nada.

Así que decidió empezar el diálogo él, aunque ella estuviera haciendo otra cosa en FaceBook, porque muchas veces ella estaba conectada, pero ocupada atendiendo 'su finca y los animales que tenía' en ese juego virtual ''Farm Ville''.

Esta vez, tan pronto él se conectó, no pasaron cinco minutos antes de que ella lo saludara.

—Buenas noches. ¿Cómo estás?

—Hola preciosa. Estoy muy bien. ¿Qué hay de nuevo en tu vida que no me hayas contado?

—No muchas cosas, pero mucho trabajo. Estoy súper cansada.

—¿Por qué? Si tú trabajas cómoda en un escritorio.

—El cansancio físico no es mucho, pero el mental, que a veces es peor, sí.

—Tienes mucha razón. El cansancio mental es peor.

—Es que esta semana tenemos visita de los jefes y hay que tener todo al día. Ellos son muy exigentes. ¿Cómo va lo del viaje.

—Ya tengo todo ''ready''. Ayer compré unas cosas que me faltaban. Estoy loco por que llegue el día porque esos días que estaré contigo serán inolvidables.

—Ya verás que los pasarás de maravilla y me encargaré de que así sea.

—Hiciste la agenda de a dónde me vas a llevar. Recuerda que tú eres la guía por excelencia.

—Sí, ya tengo varios lugares seleccionados y te van a gustar.

—A veces me pongo a pensar que nosotros iniciamos esta conversación hace como tres meses. Surgió la idea de que tú vinieras a Puerto Rico para tu cumpleaños. No pudiste y te sugerí ir yo allá y la semana que viene se hará realidad el famoso viaje. Algún día, a ti se te dará el viaje a España que tanto deseas.

—Sería maravilloso, porque siempre he soñado con ese viaje.

—No pierdas las esperanzas. Tienes que tener el pasaporte al día, por si surge la oportunidad. Quizás el año que viene en tus próximas vacaciones.

—Voy a sacarlo. Como no he viajado fuera del territorio americano, no lo tengo.

—Yo tengo el mío al día. Eso lo dan por diez años de vigencia y es bueno tenerlo, por si surge un viaje fuera del territorio americano.

—Lo voy a gestionar lo más pronto posible, porque yo espero hacer ese viaje a España. Después que termine de criar a mi hijo, entonces me toca a mí vacacionar.

—No pierdas las esperanzas que yo te voy a servir de guía.

—Muchas gracias. Me encantaría. Bueno, Esteban, me despido por hoy. Tengo que hacer algunas cosas de la casa y acostarme temprano. Buenas noches.

—Que descanses mucho.

—Nos vemos pronto. Bye.

—Si Dios quiere, la semana que viene estoy contigo. Bye.

Luego de regresar, Esteban continuaría escribiendo lo sucedido en el viaje y comentaría las vivencias de dicho viaje, que serían muy importantes para finalizar su relato.

Llegó el día del viaje. Esteban salió de su casa temprano en la mañana hacia el aeropuerto con el amigo que lo iba a llevar.

Tomó el vuelo a la hora indicada y, luego de varias horas, llegó al lugar a donde se dirigía. Estando en el área donde se recoge el equipaje, de momento ve que viene hacia él una hermosa mujer vestida de negro. Era Raquel.

Lo primero que hizo fue darle un abrazo bien fuerte como el que le había indicado cuando chateaban, para recibir toda esa energía positiva que ella tenía.

—¡Hola! ¿Cómo estás?—preguntó ella.

—Demasiado bien y ahora que te tengo a ti de frente mejor.

—¿Cómo estuvo el viaje?

—Te diré que fue un viaje tranquilo y chévere.

Todavía Esteban estaba un poco asombrado pensando si era real. Aquello que había empezado chateando con ella hacía unos cuantos meses ahora era una realidad. Estaba junto a Raquel y en el lugar donde ella vivía.

—Te ves muy bien como siempre. Muy hermosa.

—Gracias. Tú te ves muy bien también. Y más delgado que cuando te vi en Puerto Rico.

—Esto es como un sueño, donde despierto y te tengo de frente a mí.

—A veces las fantasías se hacen realidad.

Luego de haber recogido la maleta se dirigieron al establecimiento donde Raquel tenía estacionado su carro.

—Muy bonito tu auto—le dijo él.

—¿Te gusta? Es un carro del año 2009, y es muy cómodo y elegante.

—Tú te mereces un carro así, que esté a tono con tu personalidad y te veas bien en él.

Salieron del aeropuerto hacia el hotel y ella fue explicándole cada uno de los lugares por los que pasaban. Mientras tanto, Esteban la miraba fijamente y la escuchaba muy atento.

—Mira, Esteban, éste es el hotel. ¿Qué te parece?

—Se ve muy bonito y acogedor, me gusta.

Después de registrarse en el hotel, él la invitó a cenar.

—Raquel, escoge el lugar que quieras para ir a cenar.

—Cerca de aquí, hay un restaurante de comida italiana. ¿Te gustaría ir?

—El que tú decidas. Para eso eres mi invitada.

—Antes de ir al restaurante, y como estamos cerca de mi casa y mis hijos no están, te voy a llevar para que veas donde vivo.

Después de unos diez minutos de viaje, llegaron al sitio donde ella vivía. Al ver el lugar donde ella vivía, Esteban quedó asombrado de lo bonito que era.

—Raquel, se nota que tú eres una mujer de buen gusto. El lugar es precioso.

—Es un sitio muy bueno y tranquilo. Pero entra, para que veas mi casa por dentro.

Ella procedió a enseñarle todos los lugares de la casa.

—Muy bonita y cómoda tu casa. Que Dios te deje disfrutarla ya que tú te lo mereces por lo mucho que has luchado en la vida. Por casualidad, ¿tienes vino para hacer un brindis para celebrar la ocasión?

Ella sacó una botella de vino y dos copas. Sirvió, e hicieron el brindis.

—Salud. Por que todo te vaya bien para que disfrutes todo esto que tienes.

—Muchas gracias por todo lo que me deseas. Y mucha salud para ti también.

Más tarde, llegaron al restaurante de comida italiana. Pidieron unas pastas y ensaladas que estaban riquísimas. Eran más de las diez de la noche cuando, luego de haber cenado, ella lo llevó de vuelta al hotel.

—Bueno, Esteban, mañana tengo que trabajar. Si no, me quedaba más tiempo contigo. Además, debes estar cansado del viaje. Mañana, a la hora de mi almuerzo y como trabajo cerca del hotel, vendré a verte y almorzamos juntos. Luego, por la noche, disfrutaremos más tiempo, porque yo no trabajo los sábados.

—Muchas gracias, Raquel, por lo bien que te has portado conmigo. Me siento bien contento de estar contigo. Que pases buenas noches.

Él se despidió, dándole un beso en la mano y en la mejilla, pero su gran deseo era darle el beso en la boca y que ella lo acompañara toda la noche.

Al otro día, a eso del medio día, ella llegó al hotel. Recogió a Esteban para ir a almorzar.

—Hola. ¿Cómo amaneciste hoy?—preguntó Raquel.

—Muy bien. El cuarto y la cama son una chulería, pero me desvelé un poco por la noche.

—Eso es el cambio de lugar. ¿Qué te gustaría almorzar?

—Como tú tienes poco tiempo para el almuerzo, llévame a un lugar cerca de aquí, para que te dé el tiempo.

—Vamos a uno de estos negocios de comida rápida.

Pasado el tiempo del almuerzo, ella lo llevó al hotel. Por la noche, lo recogería para ir a cenar, para luego buscar un sitio acogedor para bailar y darse unos tragos.

A eso de las siete de la noche, Raquel llegó a recoger a Esteban. Él le pidió que lo acompañara a su cuarto, porque quería entregarle la famosa sorpresa que tenía para ella.

—Raquel sabes que hace un tiempo te había dicho que te tenía una sorpresa.

—Sí, me tienes intrigada y loca por saber de qué se trata.

—Aquí la tienes. Espero que te guste.

Ella empezó a quitarle el forro que cubría lo que Esteban le dio. Cuando lo abrió por completo, quedó impresionada con aquel obsequio.

—¡Wow! Qué bonito está esto. Muchas gracias, me encantó.

Él le había mandado a preparar con una foto que vio de ella en FaceBook y como pronto sería su cumpleaños y no iba a estar junto a ella, le escribió un poema dedicado a su cumpleaños con la foto de ella sobre el bizcocho.

—¡Qué bueno que te gustó! Desde que vi esa foto tuya, dije, 'tengo que hacerle con esta foto algo bonito para su cumpleaños'. Así que, como no voy a estar ese día contigo, te adelanto el regalo.

—Muchas gracias. Tú sí tienes detalles para agradar a una mujer. Honestamente, te digo que me encantó tu famosa sorpresa.

—¿A dónde me vas a llevar esta noche?—preguntó él.

—Como ya son más de las ocho de la noche, vamos a un restaurante muy bueno que yo conozco y luego nos vamos a bailar.

Llegaron a un restaurante muy bonito. Pidieron unos tragos antes de comer. Más tarde, ordenaron la comida. Ella escogió langosta y él carne asada con ensalada.

—¿Cómo te sientes? ¿Estás contento?—preguntó ella.

—Me parece un sueño lo que estoy viviendo contigo y aquí en este lugar tan lejano.

—Me alegro que la estés pasando bien, porque mi preocupación era poderte complacer.

—Para mí, que hubieras aceptado que viniera ya era suficiente.

Luego de haber cenado, Raquel procedió a enseñarle la ciudad donde ella vivía de noche. Le iba explicando cada lugar por donde pasaban.

—Esto aquí se ve bien chévere y tranquilo. El tráfico fluye muy bien y no hay tapones como en Puerto Rico.

—A mí me gusta vivir aquí por la tranquilidad que hay y el respeto a las leyes.

Pasado un tiempo, ella lo llevó a una discoteca.

—Este lugar es de música latina. Salsa, merengue y bachata.

—Está muy bien y se ve muy elegante—comentó él.

Pasaron varias horas en el lugar y bailaron unas cuantas piezas de baile. Durante el descanso, Esteban le hablaba al oído, le acariciaba el cuello y le decía lo enamorado que estaba de ella y lo mucho que la quería.

—Raquel ¿qué voy a hacer con esto que siento por ti?—le decía al oído.

—¿Qué sientes por mí?—preguntaba ella.

Él aprovechó y le dejó saber todos esos sentimientos que ella había despertado en él.

—Tú sabes que yo estoy enamorado de ti, que te amo, te quiero, te adoro, que me gustas mucho, que quiero hacerte el amor con deseo y pasión—le dijo.

—Estás loco. ¿Y tu matrimonio?

—Los sentimientos que siento por ti no los puedo controlar. Han surgido en mí. Tú eres una mujer tan especial que cualquier hombre se enamora de ti.

Mientras seguía hablándole al oído, le acariciaba su cuello y notó que ella no le era indiferente. Pero su mayor deseo era besar sus labios.

Luego de varias horas de estar compartiendo decidieron marcharse del lugar.

—Esteban, ya es pasada la media noche y mañana tenemos un día largo de ir a visitar varios lugares. Debemos irnos.

—Tú eres la que guía. Está muy bien. Nos vamos.

Lo llevó al hotel y, cuando se fue a despedir de ella, que le ofreció la mejilla para recibir un beso de despedida, él buscó sus labios y la besó en la boca. Ella lo complació y, antes de despedirse, se dieron varios besos muy apasionados. Esa noche, él estaba más que contento porque la había besado como él quería y ella no lo rechazó.

Al otro día, Raquel recogió a Esteban en el hotel pasadas las diez de la mañana para llevarlo a conocer otros lugares. Subió hasta su cuarto para dejarle saber que había llegado a buscarlo.

—Hola ¿Cómo estás? ¿Pudiste dormir anoche?

—Dormí bien, aunque ya a las cinco de la mañana estaba despierto.

Luego de ella entrar al cuarto, Esteban la tomó por la cintura la besó y ella se dejó llevar por el momento de pasión.

—Raquel, gracias por dejarme besarte, porque era lo que más deseaba. Y como hace tiempo que no besaba a una mujer, lo que deseo es hacerte el amor y demostrarte toda esa pasión que tengo para darte a ti.

—Esteban, lo que pasa es que desde un principio te dije lo que podía haber entre nosotros. Y el problema no eres tú como hombre, porque me agradas. Tu compañía me gusta mucho, porque eres un caballero conmigo. Lo que pasa es que todavía no me siento preparada para dar ese paso y hacer el amor contigo.

Esteban de nuevo la besó intensamente. Ella le correspondía, pero de momento se apartaba.

—Tú sabes Raquel, yo estoy enamorado de ti. Y si tú me correspondes, yo sería capaz de venirme a vivir acá y estar cerca de ti. ¿Qué te parece? ¿Tengo alguna oportunidad?

—Yo no digo, 'De esta agua no beberé'. El mundo es tan chiquito y da tantas vueltas, que podría darse esa situación o puede ser posible.

Nuevamente, él la besó en la boca y la apretó fuertemente contra su pecho.

—Por favor, vamos que tengo que llevarte a varios lugares para que los conozcas y tengo que regresar temprano para descansar. Por la noche, iremos a cenar a un lugar que es mi favorito porque tiene una vista preciosa hacia el mar. Luego iremos a otra discoteca de música latina.

—Está muy bien, mi amor. Iremos a donde tú digas.

Antes de salir del hotel, volvió a besarla. Si hubiera dependido de él, se hubiera quedado en el hotel con ella acariciándola y haciéndole el amor.

Visitaron un acuario, que no fue de mucho agrado para ellos por la poca variedad de especies marinas que tenían en exhibición. Más tarde, aprovecharon y almorzaron allí mismo.

Mientras almorzaban, Esteban le dijo lo siguiente a Raquel:

—Raquel, yo sé que tú me habías dicho que me recibirías como un amigo solamente. Quiero que me entiendas. Mis sentimientos por ti son muy fuertes y como hombre cuando estoy a tu lado siento un deseo enorme de besarte y hacerte el amor. Perdón si te he fallado o te he ofendido. Soy un hombre de carne y hueso, que lleva mucho tiempo sin tener relaciones con una mujer.

—Yo te entiendo. Es que todavía no estoy preparada para entregarme a un hombre. Soy mujer y siento también. Cuando me acaricias, desfallezco. Pero también hace mucho tiempo que no me entrego a un hombre y siento temor. Las mujeres somos más fuerte en ese sentido y creo que aguantamos más las emociones. Pero, como te dije anteriormente, no eres tú. Sabes que me agradas como hombre. Me gustas. Y tu compañía es especial porque me tratas como nadie jamás lo hizo.

—Me haces sentir muy bien cuando escucho esas palabras de tu boca, porque estaba imaginando que no te atraía como hombre o quizás por la diferencia de edad entre nosotros.

—La edad no tiene que ver nada. Para la edad que tienes, tú te ves mucho más joven. Así que la edad no es un obstáculo.

Más tarde, regresaron al hotel, para ir a descansar, porque por la noche saldrían de nuevo. Él no perdía un momento para expresarle su amor volviendo a acariciarla y ella le correspondía sutilmente.

Ya en el hotel, él pensaba en lo difícil que se le estaba haciendo lograr hacer el amor con Raquel. Por lo menos, ella aceptaba sus caricias. Y no quería obligarla porque era un caballero y prometió respetarla si ella no lo deseaba.

A eso de las siete y media de la noche, Raquel lo vino a buscar al hotel. Llegó hasta la habitación por invitación de él para hablar un rato y tomarse unas copas de vino.

Cuando le abrió la puerta, Esteban quedó impactado por lo hermosa que se veía ella. Tenía puesto un traje de color negro con un gran escote en la espalda que hacía pecar a cualquiera y que quedaba espectacular en su cuerpo.

—Estás hermosa. Y ese traje te queda muy elegante. Te ves muy bien. Después vas y me preguntas por qué yo me he enamorado de ti, si cada día estás más preciosa.

—Muchas gracias. Tú también estás muy guapo. Esa camisa que tienes puesta va muy bien con tu color de piel y el color me gusta mucho.

Esteban se sintió muy halagado por el comentario que le hizo ella.

—Muchas gracias, Raquel. Ese comentario que me haces es bien importante para mí, porque viene de ti y significa mucho. A veces, los seres humanos necesitamos de ellos para sentirnos mejor como personas.

—Lo sé. Nosotras las mujeres nos sentimos muy bien cuando un hombre nos piropea o nos halaga, diciéndonos cosas bonitas y positivas. Por eso me encantan los mensajes que me envías a diario y me motivan mucho.

Luego de tomarse el vino, se dieron unos besos, pero nada más, ya que ella no quería hacer el amor.

—Raquel, ¿por qué no me dejas amarte intensamente? Tengo tanto amor y pasión para entregarte.

—Esteban, no creas que es fácil para mí. Soy un ser humano y también tengo mis deseos. Por ahora, no puedo complacerte. No es por ti, vuelvo y te lo repito. Eres encantador y guapo, y me has demostrado mucho cariño y respeto. Como te dije, no puedo. Por favor, entiéndeme.

—Yo te prometí que te iba a respetar y voy hacerlo porque no quiero que tengas una mala opinión de mí.

—No la tendría, porque tú eres un hombre maravilloso.

Salieron del hotel rumbo a un lugar para cenar.

—Me gusta venir aquí a cenar con mis compañeras de trabajo de vez en cuando. Espero que te guste.

—Se ve muy diferente a los otros que me has llevado y la vista panorámica es muy bonita.

Se tomaron unos tragos y degustaron una rica cena. Luego, salieron a su próximo destino que era una discoteca latina para bailar ya que esa era la última noche que Esteban estaría con Raquel porque al otro día regresaba a Puerto Rico.

Llegaron a un lugar muy acogedor y con buena seguridad.

—Aquí se baila música latina y a mí me gusta el lugar. Ésta es la tercera vez que vengo a este sitio y espero que sea de tu agrado.

—Raquel, estos días han sido maravillosos para mí, mientras esté contigo la voy a pasar muy bien y a disfrutar.

Luego de pagar el boleto de entrada y ser registrados por el personal de seguridad, se sentaron en una mesa de esquina donde podían ver todo lo que sucedía a su alrededor.

Esteban aprovechó y se sentó muy cerca de ella y de vez en cuando le acariciaba el rostro, le besaba su cuello y le decía lo mucho que la amaba.

—Raquel, no me canso de decirte que eres una mujer espectacular, que por ti sería capaz de venirme a vivir aquí cerca de ti.

—¿Eso harías por mí? ¿Y abandonarías tu querida isla que tanto quieres?

—Sí, porque creo que contigo sería feliz. Yo estoy en una etapa de mi vida que tengo que buscar mi felicidad porque hace tiempo no la tengo.

—Eso es cierto y de acuerdo a lo que tú me has dicho, tú no eres feliz en tu matrimonio.

—Te voy a preguntar o pedir algo pero me tienes que decir que sí.

—Depende de lo que sea. Dime, a ver si puedo contestarte en la afirmativa.

—¿Tú quieres ser mi novia no oficial?

—¿Qué es eso de 'novia no oficial'? ¿Eso es un nuevo concepto en Puerto Rico?

—Como tú sabes, mi situación actual es que estoy casado. En estos momentos no puedo estar contigo y tengo que irme mañana. Que seas mi novia sin ningún compromiso formal conmigo hasta que yo resuelva la situación del matrimonio.

—No entiendo ese concepto. Explícate mejor.

—Bueno, te explicaré. Como tú estás por acá y yo en Puerto Rico, y como eres una mujer tan bonita e interesante, si te aparece un hombre que sea de tu agrado y que llene tus expectativas de lo que buscas en un hombre, que lo aceptes y rehagas tu vida—le dijo con dolor en el alma y rezando por dentro por que no apareciera ningún hombre en su vida.

—No creo que surja alguien. Llevo mucho tiempo sola y nadie me ha interesado. De aparecer, tiene que ser como tú, caballeroso, detallista y muy tierno conmigo.

—Con eso que me dices tengo la esperanza de estar contigo y lucharé por ti.

—La esperanza nunca se debe perder. Por ahora, no te digo no definitivo. Pero debes arreglar tu situación y démosle tiempo al tiempo.

—O sea, ¿que tengo una oportunidad contigo?

—Creo que sí. Tú eres un hombre con muchas cualidades que a mí me gustan como mujer.

Luego de escuchar lo que había dicho Raquel, Esteban la besó en la boca y se fueron a bailar un buen rato.

Pasada la media noche, Esteban invitó a Raquel a su habitación para tomarse unos tragos en privado y hacer un nuevo intento de ver si podía hacer el amor con ella.

Ya en la habitación, le sirvió la copa de vino y se sentaron en un sofá a dialogar. Él la miraba fijamente y dejaba deslizar sus manos por diferentes partes del cuerpo de ella y la besaba apasionadamente y nuevamente le pidió que hicieran el amor.

—Por favor Raquel, déjame amarte y hacerte mía.

—Esteban no puedo hacerlo, no es por ti. Soy mujer y siento, pero me tengo que ir porque es muy tarde. Recuerda que me prometiste respetarme y no espero menos de ti.

—Está muy bien, mi amor. Hasta la fecha, aunque he hecho el intento de hacerte el amor, he respetado tu decisión de no quererlo hacer. Te acompaño al estacionamiento para que te vayas a dormir.

—Eso me ha gustado de ti, que me respetas y eres un gran hombre. Muchas gracias por ser así.

Luego de darse los últimos besos y caricias por esa noche, ya era pasada la una de la mañana, la acompañó al carro y se despidieron.

—Hasta mañana te vengo a recoger a las doce del medio día y antes de llevarte al aeropuerto, demos otra vuelta por otros lugares que no te he enseñado.

—Trata de venir a las diez, para estar más tiempo contigo a solas, ya que es mi último día y convencerte para hacerte el amor.

—No sé, porque ya es muy tarde y tengo que descansar un poco. Nos hemos acostado bien tarde estos días.

Esteban se desveló como de costumbre bien por la mañana, escribió un rato y luego bajó a desayunar. Eran las nueve de la mañana y decidió llamarla a ella para que viniera más temprano y lo acompañara.

—Buenos días, Raquel. ¿Ya estás despierta?

—Sí, estoy arreglándome para ir para allá.

Al oír lo que ella le dijo, Esteban sintió una enorme felicidad, porque él le había dicho la noche anterior que viniera a las diez para convencerla para hacer el amor. Interpretó con esa respuesta que ella estaba dispuesta a complacerlo.

Se sentía nervioso de lo que pudiera ocurrir porque hacía mucho tiempo que no tenía relaciones con una mujer a pesar de estar casado.

A eso de las diez ella llegó hasta la habitación.

—Buenos días, cómo te encuentras antes de tu partida para Puerto Rico.

—Un poco ansioso, primero porque me voy y te dejo y segundo que los vuelos me ponen nervioso.

De inmediato, la tomó en sus brazos, como que era el último momento que estaría con ella. Y la besó con pasión y ella se dejó llevar por las caricias que él le hacía.

Pasaron varios minutos antes de que ella le pidiera que se fueran a la cama. Él se puso más nervioso todavía, pero la acarició como nunca y según la acariciaba, le decía todo lo que sentía por ella y ella disfrutaba el momento.

—Raquel, no tienes idea de lo feliz que me has hecho con esta prueba de amor que me acabas de dar.

—Tú sabes que yo te había dicho que 'no' en muchas ocasiones, porque no estaba segura de entregarme a ti. Durante estos días me he dado cuenta que tú eres una persona muy especial y en quien se puede confiar y con tus mimos y caricias me fuiste convenciendo. Además, yo soy mujer. También tengo deseos de caricias tan especiales como las que tú me ofreces. Lo hice porque sentí el deseo de hacerlo y te digo que fue maravilloso y me sentí mujer de nuevo. Eres un gran amante.

—Yo me sentí muy bien. Eres fabulosa. Ahora te respeto más como mujer porque al acariciarte toda noté que lo estabas disfrutando mucho. Lo único que lamento es que haya ocurrido el día en que tengo que partir.

—Yo al igual que tú hace mucho tiempo que no me relacionaba con un hombre y tenía el temor de hacerlo.

—Lo importante es que lo hicimos. Fue por deseo de los dos y lo disfrutamos. Como debe ser.

Más tarde, salieron del hotel se fueron a almorzar y luego lo llevó al aeropuerto para que tomara el avión que lo llevaría de regreso a Puerto Rico. Llegó el momento triste de la despedida, se acariciaron varias veces. Y se miraron hasta que ella fue desapareciendo en la lejanía de aquel enorme pasillo.

Él estuvo varias horas esperando en el aeropuerto hasta que tomó el vuelo que lo llevaría a Puerto Rico. A medida que el avión se iba elevando y alejando del lugar, sintió un poco de nostalgia, porque se había separado de una mujer maravillosa y muy buena anfitriona.

Una de las razones para Esteban visitar a Raquel era conocer el ambiente y el lugar donde vivía. El lugar donde ella vivía era muy elegante y acogedor. Notó que ella tenía que trabajar muy duro y sola para poder salir hacia adelante.

La vida en los Estados Unidos era muy cara. El pago de seguros de casa y carro son demasiado costosos y es obligado tenerlos.

Aunque ya su hija Pamela era mayor de edad y trabajaba para cubrir sus gastos, todavía era muy apegada a su mamá. Raquel quería que ella le diera dirección a su vida, porque no había madurado como mujer en cierto sentido.

Su otro hijo Jaime, era un chico de quince años muy maduro para su edad, buen estudiante y gran deportista. Él también era muy apegado a su mamá. La quería mucho. Esteban creía que el hijo era muy celoso con ella y siempre estaba pendiente del bienestar de su mamá.

Esteban pudo notar que Raquel, si bien se sentía feliz por el cariño que le brindaban sus hijos, a la vez no era feliz. Durante esos cuatro días que compartió con ella y al hablar de diferentes facetas de la vida de ella, notó que había una que la había marcado para siempre.

Cuando era todavía muy joven, se casó con quien fue su esposo, que era doce años mayor que ella. Nunca le dio un momento de felicidad en su vida matrimonial de veintidós años según ella le comentó.

—¿Cómo es posible que tú estuviste tanto tiempo viviendo con un hombre así?

—Para ese entonces, yo era muy ingenua y él controlaba mi vida de todas maneras. Era demasiado machista, egoísta. Nunca me valoró como mujer. Ni siquiera me hizo sentir mujer en algún momento de mi vida.

Esteban pudo darse cuenta que todo ese pasado tan nefasto que vivió ella, la marcó, la había afectado para siempre y estaba latente en ella. Por eso, en cada momento que pasó con ella, trató de ser lo más gentil posible, para que se sintiera bien y alegrarle la vida.

Notó además que a pesar de que Raquel sonreía mucho, no expresaba sus deseos y sentimientos. Se dio cuenta de eso mientras la acariciaba y besaba.

Aún cuando ella decidió entregarse a él, no era muy expresiva en sus sentimientos. Aunque poco a poco y por la sutileza de las caricias de Esteban, él pudo notar que ella estaba disfrutando cuando él le acariciaba le cuerpo y la satisfacción que sintió al momento del coito.

Ya en Puerto Rico, Esteban decidió llamar a Raquel para indicarle que había llegado bien a la isla y además oír su voz, porque ya la extrañaba.

—¡Hola, mi reina! Hace unas horas que no te veo y ya te extraño un montón.

—Qué bueno que llegaste bien a tu querida isla de Puerto Rico y que me extrañes, porque yo también te extraño. Gracias por haber venido, fuiste muy caballeroso y cortés conmigo y eso no se olvida.

—Eso te pido, que no te olvides de mí y que, de vez en cuando, me llames, porque yo lo voy a hacer todo el tiempo que pueda.

—Seguro que nos estaremos comunicando, porque todo fue muy bonito y no lo debemos olvidar.

—Raquel, te cuento que ya empecé a contar los días que faltan para verte de nuevo.

—¿Cómo que 'los días que faltan'? ¿Es que piensas venir de nuevo en verano?

—Tú vienes para Puerto Rico en las navidades y, aunque vas a estar con tus familiares, yo espero que aunque sea un día y una noche me dediques.

—Por mí, encantada porque tu compañía me llenó de muchas satisfacciones, pero recuerda que tú todavía estás casado y no quiero afectar tu relación.

—No te preocupes, que yo me las arreglo para estar contigo que es con quien quiero estar. Mi relación matrimonial lleva muchos años afectada, mucho antes de tú entrar a mi vida.

—Me alegro que estés bien. Disfruta tu vida.

—Hablamos en otra ocasión, adiós.

Tras recoger su equipaje, Esteban localiza al amigo que lo vino a buscar e inician el viaje de regreso a su pueblo. Después de llegar al pueblo, ya él siente la ausencia de Raquel. Estaba ansioso porque llegara la noche para conectarse a FaceBook y chatear con ella.

Al llegar la noche, a la hora acostumbrada de él chatear con ella, se conectó a FaceBook, y pareció que esta vez ella lo estaba esperando.

—Buenas noches, Esteban. ¿Cómo estuvo el viaje de regreso a tu pueblo?

—Mi amigo me recogió en el terminal a la hora indicada y llegué muy bien.

—Todavía me pregunto si pude complacerte en tu estadía aquí, porque era mi preocupación que no pudiera complacerte.

—Mi reina tú te portaste de maravilla. Te lo he dicho antes, te lo repito mil veces más. No te preocupes, que cumpliste a cabalidad. Fuiste una gran anfitriona, amable y cordial.

—Entonces, cumplí con mi tarea.

—Demasiado de bien. ¿Te gustaría que fuera el año que viene otra vez?

—Sabes que estoy aquí a tus órdenes. Tú eres una gran compañía. De nuevo, la pasaríamos muy bien. Pero debes controlar y definir tus sentimientos.

—Raquel, no es tan fácil para mí controlar los sentimientos cuando se quiere como te quiero yo a ti.

—¿Será que tú te estás ilusionado conmigo? ¿Que eso que sientes por mí es algo pasajero?

—Yo soy un hombre lo suficientemente maduro como para saber cuando un sentimiento por una mujer es genuino.

—Tú tienes que pensar que tienes una familia y que apartarte de ella de momento no es fácil.

—Yo lo sé. Separarse de una persona no implica que se separe de toda la familia. No sería el primer caso en que sucediera.

—Eso es verdad, pero hay que estar seguro del paso que se va a dar.

—Te he dicho que, si tú y yo formamos una relación, no sería ahora. Tendríamos que darnos un tiempo para que la relación entre los dos madure y estuviéramos seguros del paso que daríamos para estar juntos.

—No sé que decirte. Porque entrar a una relación nueva es algo bien serio, por eso he decidido quedarme sola después de divorciarme.

—Raquel, yo te entiendo. El fracaso que tuviste en tu matrimonio ha marcado tu vida y no te deja ser feliz. Tienes que abrir tu corazón a un nuevo amor y a mí me gustaría estar ahí para ocupar ese lugar en tu corazón.

—Creo que esa experiencia no me ha dejado ser feliz. Pero ya estoy acostumbrada a estar sola. Llevo tanto tiempo que me es difícil contemplar empezar una nueva relación y que no funcione.

—A ti al igual que a mí, nuestras parejas no nos demostraron cariño. Recuerdo que una vez me dijiste que uno tiene que buscar la felicidad. Raquel, tú pasaste por eso y lograste salir del círculo vicioso en que estabas. ¿Quieres que yo siga viviendo así? Como te pasó a ti ¿te gustaría volver a lo mismo?

—Jamás. En parte, tú tienes razón en lo que dices. A ti, tu esposa no te maltrata, humilla y otras cosas, pero a mí me pasó todo eso.

—Tienes alguna razón en lo que me dices, pero el vivir sin amor y cariño es una forma de maltrato y tanto mi esposa como yo lo estamos viviendo de ambas partes. Esta situación no es de ahora. Ella ha sido así conmigo toda la vida. Nunca ha sido ni cariñosa ni amorosa conmigo. Si te digo que nunca ella me ha dado un beso por iniciativa de ella. Siempre he sido yo el que lo ha hecho.

—No creas que no te entiendo. Pero es que tú y yo estamos tan distantes que sería más difícil para nosotros.

—La distancia no es el problema. Eso se puede resolver. Lo que hay que tener es el deseo de hacerlo y buscar la felicidad. ¿Te gustaría ser feliz?

—Eso es lo que he anhelado toda la vida.

—Dios, que es el que todo lo puede, nos puso en este camino. A lo mejor es la oportunidad que nos está dando para que seamos felices

—Quién sabe. No te digo ni sí ni no.

—No te había comentado esto. Hace tiempo le pedí a él que me encontrara otra persona para ser feliz y al tiempo apareciste tú y de varias formas.

—¿Crees tú que yo soy esa persona? ¿Tan seguro estás de mí?

—A mí, me gusta observar a las personas y, durante esos días que estuve contigo, te miraba y veía tu reacción a mi comportamiento hacia ti. Estoy convencido que puedo ser feliz contigo.

—Yo me di cuenta de que tú me mirabas y me observabas mucho. No sé qué decirte. Démosle tiempo al tiempo y sabremos que pasará entre nosotros.

—Espero que la diferencia en edad que hay entre tú y yo no sea un obstáculo para no aceptarme como tu pareja.

—La edad no tiene nada que ver. Además, tú te ves muy bien y sabroso para la edad que tienes. Eres un caballero en todo el sentido de la palabra. Bailas muy bien, te ves joven y con deseos de vivir la vida. Cualquier mujer se sentiría orgullosa de tenerte a su lado.

—No sabes lo feliz que me hacen esos comentarios tuyos. Soy una persona a la que le gusta que le mimen y me hagan cariñitos. Unos comentarios así, viniendo de ti, me llenan el ego de hombre.

—Es que los seres humanos necesitamos de todas esas cosas que a veces no cuestan nada, pero que son tan importantes para la felicidad de uno.

—Tanto tú como yo estamos faltos de esas cosas. Yo estoy dispuesto a hacerlo por ti si tenemos alguna relación y que tú lo hagas por mí. Porque una relación tiene que ser mitad y mitad, no de una sola persona.

—Comparto esa opinión contigo, que debe ser una relación de los dos.

—Mi amor, cambiando el tema, tienes que ir soltando a tus hijos para que empiecen volar con sus propias alas.

—¿Por qué me dices eso? Tú sabes que, para ellos, yo soy su todo y no los puedo abandonar.

—Por favor, no me malinterpretes. Los hijos es lo más importante en la vida de uno, pero hay que enseñarlos a volar para que, poco a poco, vayan creando su propia vida. Quizás eso es lo que te pasó con tu hija y no encuentras cómo dejarla ir. Ya está en la edad de formar su camino.

—Es lo que más quiero para ella. Para que tenga metas en la vida, estoy tratando que entre en razón y encamine su vida.

—Ya lo hará y se dará cuenta que es por su bien.

—Espero que decida lo que va hacer con su vida, porque el lugar donde trabaja no tiene oportunidad de progresar.

—Tú has sido como la mamá gallina con sus pollitos, muy protectora con ella. Y quizás eso ha hecho que ella asuma nuevos retos.

—En parte, tienes razón me gustaría que ella se independizara y que encontrara un hombre bueno que la quisiera, respetara y más tarde formara un hogar. El nene, aunque es menor, es más maduro que ella y sabe lo que quiere ser.

—Yo entiendo que esa falta de cariño que tú no recibiste de tu pareja, ellos te la han compensado. Estás muy apegada al amor y cariño de tus hijos y no te has abierto a otro tipo de amor y cariño. Recuerda algún día ellos se irán y tú qué vas a hacer.

—Muchas veces pienso en eso y siento temor de que llegue el momento y cómo reaccionaré.

—Por eso, mi cielo yo estoy aquí para ti. Ojalá cuando llegue ese momento, esté cerca de ti y sientas aunque sea un poquito por mí.

—Sabes que tú eres muy especial para mí aunque nunca te haya prometido nada.

—Pero, al tú entregarme a mí en cuerpo y alma aquel último día, entiendo que no te soy indiferente.

—Quizás sienta algo por ti, pero el tiempo lo dirá. Esteban, estaría más tiempo chateando contigo porque siempre me hablas cosas interesantes. pero es muy tarde y debo hacer varias cosas antes de acostarme buenas noches.

—Buenas noches y que el Señor siempre te proteja. Bye.

Habían pasado varios días después del regreso de Esteban. Para él, habían sido una eternidad. La extrañaba mucho y en su mente todo el tiempo estaban presentes todos los momentos que compartió con ella, que estaban grabados en su memoria.

Definitivamente, ahora más que nunca, estaba más enamorado, porque ella se había entregado a él y por la forma en que lo trató y cómo se portó con él, logró conquistarlo.

Aunque la comunicación entre ellos continuó, tanto por teléfono como por Internet, ayer por la tarde había recibido una llamada de ella.

—Hola Esteban. ¿Cómo has pasado estos días después de nuestra despedida?

—No tienes idea. Me encuentro desorientado. Me consuela que recuerdo cada instante junto a ti y me parece que estás a mi lado.

—Yo extraño tu gentileza y caballerosidad. Me hacen falta tus atenciones. A mí nadie me abría la puerta del carro para salir o entrar a él como tú lo hacías. También extraño tus palabras al oído y caricias.

—¿Es seguro que tú piensas venir de vacaciones a Puerto Rico en navidades?

—Eso son mis planes hasta ahora y si la economía mejora.

—Por eso, no te preocupes. Tú sabes que conmigo puedes contar. Yo te puedo ayudar.

—Gracias, eres muy amable. Esa no es tu obligación y sabes que a mí me es difícil aceptarlo. Nunca he dependido de nadie y, como siempre te he dicho, todo lo que tengo lo he hecho por mi propio esfuerzo.

—Raquel, si nosotros en un futuro vamos a iniciar una relación, tenemos que ir fomentándola desde ahora. Si necesitas mi ayuda, te la puedo dar. Eso no es malo.

—Entiéndeme. No es fácil para mí aceptar tu ayuda económica, porque tú no eres nada mío.

—¿Cómo qué no soy nada tuyo? Para que lo sepas, soy tu amigo y, sobre todo eso, estoy enamorado de ti. Aunque no tenemos una relación formal como pareja, la hay como amigos y los amigos nos debemos ayudar cuando uno de los dos lo necesita. Además, para mí es un placer servirte, porque yo aspiro en un futuro ser para ti más que un amigo, mejor dicho, tu compañero.

—Eso se lo dejamos al tiempo o al destino. Tú tienes una relación de mucho tiempo y eso es un impedimento.

—Cuando no se es feliz, no importa el tiempo que se tenga con una pareja, hay el derecho de buscar la felicidad en otro lugar y con otra persona. Tú fuiste un ejemplo de esa infelicidad con tu pareja por tantos años. Lograste liberarte aunque todavía no has encontrado la felicidad que te mereces.

—Tienes razón fueron muchos años de maltrato, pero a ti tu pareja no te maltrata.

—Esa es la diferencia. Pero uno, como hombre, carece de unas cosas que la pareja no le da y que son bien importantes en una relación.

—Eso es así. Cambiando el tema, cuando te llamé, te dije que me iba a arreglar las uñas. Tú las viste. Ya estaban feas y cuando están así me siento fea.

—Mi reina, tú eres bella y hermosa siempre.

—Gracias, siempre tan amable conmigo. Pues, ya llegué al lugar donde me las arreglan. Así que me despido y espero que todo te vaya bien.

—Nena, sabes que puedes contar conmigo y quiero verte en navidades y estar contigo.

—Está bien. Estaremos en contacto. Aprovecho para decirte nuevamente que fuiste maravilloso conmigo y nadie me había tratado como tú lo hiciste. Buenas tardes.

—Buenas tardes, mi amor, y por favor cuídate.

Esteban siguió su vida normal en Puerto Rico luego del viaje de regreso. Durante el día pensaba en ella y lo felices que fueron esos días.

Pensaba que le gustaría estar junto a ella y hacer muchas cosas los dos juntos, aprovechar y disfrutar la vida, que era, después de todo, lo más importante en ese momento.

Esperaba con ansias que llegara la noche para conectarse a FaceBook y poder chatear con ella. Esa noche no tuvo suerte porque ella no se conectó.

Al otro día por la mañana, suena el teléfono de Esteban. Era Raquel que lo llamaba. Cuando recibía una llamada de ella, su corazón se hinchaba y palpitaba de emoción. Le hacía sentir muy halagado porque esa simple llamada era de mucho significado porque al llamarlo estaba pensando en él en ese momento.

—Buenos días, mi vida. Como siempre, que agradable sorpresa escuchar tu voz.

—Buenos días ¿Cómo te encuentras hoy?

—Muy bien. Pero como siempre, extrañándote mucho. Me alegro que me llames. Me hacer sentir bien y me dice que piensas en mí.

—Yo también te extraño para que lo sepas. Pienso mucho en ti y en los días que pasaste junto a mí. Eso me dice mucho de ti como hombre, haber hecho un viaje tan largo para venir a visitarme.

—Tú sabes que mi cariño por ti es muy especial. Lo que hice lo hago con mucho gusto y si es para estar a tu lado mucho mejor. ¿Cómo están Jaime y Pamela?

—Están muy bien. Gracias, porque he notado que te interesa saber sobre el bienestar de mis hijos. Eso es sumamente importante para mí, porque me demuestras que los quieres a ellos.

—Si te quiero a ti, tengo que querer a tus hijos. Si son carne de tu carne y son el tesoro más apreciado que tú tienes.

—Muchas gracias, Esteban, por ser tan especial. Te digo que ayer tuve una conversación con mi hija para ver qué hará con su vida. Como te he dicho, ella está muy apegada a mí y no toma decisiones propias de una adulta. A lo mejor es por la mucha protección que yo le dado. Tú sabes que he sido madre y padre para mis hijos.

—Eso sucede muchas veces. Los padre protegemos demasiado a los hijos y, con protegerlos demás, les hacemos un daño indirectamente. Como te he dicho en varias ocasiones, hay que dejarlos volar.

—Ella no quiere estudiar. El trabajo que tiene no es gran cosa. Estoy tratando de convencerla de que vuelva a estudiar, le dé dirección a su vida y coja disciplina. Aunque ella es muy buena y cariñosa.

—¿Tú crees que le interesa volver a estudiar?

—Creo que ella está interesada.

—Ojalá y pueda establecer metas en su vida y pueda lograrlas para que tú estés tranquila.

—Dios te oiga. Ya estoy llegando al estacionamiento en mi trabajo tengo que terminar la llamada, como siempre un placer hablar contigo porque siempre me das nuevas energías. Que tengas un bonito día.

—Me alegro que mi plática te sirva de algo. Gracias por haberme llamado y te reitero que estas llamadas son bien importantes para mí. Que pases un hermoso día tú también.

Era viernes cerca de las dos de la tarde y Esteban estaba en su casa sin hacer nada. Decide encender su computadora para entretenerse un rato y se conecta a FaceBook.

Sorpresa pare él que, entre los amigos conectados, estaba Raquel. A esa hora de la tarde ella debía estar en su trabajo como todos los días. Por curiosidad, decide saludarla a pesar de que ella estaba trabajando.

—¡Hola! ¿Cómo estás?

—Muy bien y con mucho sueño.

—Perdona que te salude. Te vi conectada a FaceBook y tuve el deseo de saludarte. Sé que estás en tu trabajo y puedo perjudicarte.

—No te preocupes. Ahora no hay mucho que hacer y puedo hablar contigo, aunque a veces me tarde un poco en contestarte.

—No importa. Yo tengo todo el tiempo del mundo. Por eso entré a esta hora a FaceBook, porque estaba aburrido.

—¿Cómo has pasado estos días después de tu regreso a Puerto Rico?

—Al siguiente día, estaba un poco desorientado y extrañándote mucho.

—Lo bueno de la distancia es que el tiempo, al pasar, va ayudando a olvidar.

—A ti yo nunca te voy a olvidar, porque encontré en ti la mujer con la que quiero pasar el resto de mis días.

—No se te olvide que tú llevas muchos años de relación con tu pareja y tienes que pensar lo que harías con tu vida.

—Vuelves con el mismo comentario. Me has dicho lo mismo muchas veces.

—Pero es la verdad ¿o me equivoco? Yo no quiero ser la causante de tu separación.

—Raquel, si la relación con mi pareja se ha deteriorado, tú no tienes que ver ni eres culpable de nada. Hace muchos años que esta situación está pasando. No quiero seguir en el mismo círculo vicioso porque, si sigo en él, me llega la muerte.

—En eso tienes razón. Debes buscar tu felicidad sin importar el qué dirán.

—Me he dado cuenta de que mi felicidad es estar a tu lado y compartir muchas cosas juntos, salir, disfrutar, quererte, cuidarte y ayudarnos mutuamente.

—Démosle tiempo al tiempo para conocernos mejor y ver cuál será nuestro destino.

—¿Te gustaría que estuviéramos como pareja?— él preguntó.

—Tú eres un hombre maravilloso y te respeté desde que te conocí como estudiante. Ahora me has demostrado un gran cariño y respeto, y eso no se olvida.

—Te lo digo cada vez que hablamos que te extraño mucho. Y tú ¿me extrañas?

—Mucho. Pasé un fin de semana contigo inolvidable, como hacía años que no pasaba.

—Podemos pasar muchos ratos de esos si tú decides ser mi pareja.

—Vamos a esperar lo que el tiempo tiene reservado para nosotros.

—Tú quieres tiempo. Vamos a esperar un año a ver qué sucede con esta relación.

—Creo que es tiempo suficiente para decidir una cosa o la otra.

—Tú te imaginas cómo sería que llegaras del trabajo, y yo te recibiera con un beso, te quitara los zapatos y te diera un masaje en los pies, y luego te tenga preparara una rica comida.

—Me encantaría, ya en una ocasión me sobaste y acariciaste los pies y fue una sensación muy rica. Si me cocinas, me tendrás rendida a tus pies porque me gusta que me cocinen.

—Estaría dispuesto a hacer todo eso por ti. Cambiando el tema, ayer estaba en FaceBook y vi el nombre de tus hijos. Me dio el deseo de enviarles un mensaje positivo hablándoles de que yo era tu amigo, y les dije lo mucho que tú los quieres. Espero que no te esté malo y, si tú no estás de acuerdo, no lo vuelvo a hacer.

—No te preocupes. Vuelvo y te doy las gracias por querer a mis hijos. Eso me habla de lo gran hombre que eres. No como el padre verdadero que nunca se ha preocupado por ellos. Pero tienes que tener cuidado, especialmente con Pamela porque es muy celosa conmigo.

—Pamela es la más adulta de los dos y es así contigo. Creía que, por Jaime ser varón, sería él quien te celaría más.

De repente, ella se desconectó. Pasó un buen rato en que no contestaba. Esteban entendió que, por estar en su trabajo, tuvo que hacer alguna tarea y no pudo continuar la conversación. Así que él decidió desconectarse también.

Esteban se puso a pensar en lo que haría con su vida de ahora en adelante. Qué pasaría con su matrimonio de muchos años en donde la rutina y el alejamiento de ambos los había llevado a perderse el amor.

En Raquel, había encontrado una mujer que le da deseos de vivir la vida de nuevo, disfrutarla como a él le gustaría y sentía estar dispuesto a asumir el riesgo.

El tiempo continuó pasando. Esteban y Raquel habían seguido la comunicación por la Internet y por teléfono. Hacía unos días atrás, él había escrito una canción y se la había dedicado a Raquel. De hecho, llevaba el nombre de ella.

Como a las dos de la tarde, Esteban ensayaba en su casa la canción y la grababa para ver cómo sonaba y se escuchaba. De momento, le dio con conectarse a FaceBook y cuando se encendió la pantalla estaba Raquel conectada. Él no lo esperaba porque a esa hora ella trabajaba, pero, otras veces, cuando no había mucho trabajo que hacer, ella se conectaba desde su trabajo.

—¡Hola preciosa! ¿Cómo estás?

—¡Bien! ¿Y tú que has hecho?

—Encerrado en estas cuatro paredes como un preso.

—Es que tú tienes mucho tiempo libre y la soledad te afecta, parece.

—Tienes razón. Aunque leo y hago otras cosas, esta soledad me está matando. Hace dos semanas que estuve contigo y no me acostumbro aquí. Pienso mucho en ti. De hecho, yo creo que nosotros estamos conectados por algo especial, porque estaba cantando tu canción, decido conectarme a FaceBook y tú que estás ahí.

—Quién sabe. A lo mejor. Porque dicen que la telepatía existe. Uno piensa mucho en una persona y aparece.

—Pero no falta mucho tiempo para volverte a ver, porque las navidades están cerca y tú piensas venir. ¿Ya sabes los días que vienes?

—Más o menos, desde mediados de diciembre hasta que pase el año.

—Tenemos que ponernos de acuerdo para llevarte a varios sitios después de que compartas con tu familia. Ahora me toca a mí ser tu guía en Puerto Rico.

—Está muy bien. Ya nos pondremos de acuerdo cuando llegue el momento.

—Sabes que tenemos varios proyectos que realizar juntos.

—¿Qué proyectos?

—El del viaje. Para eso estás sacando el pasaporte. El libro, el de la barriguita y el de navidad que es el primero que está en agenda.

—Tú tan amable siempre conmigo. Yo no creo que me merezca tantas atenciones de tu parte.

—Tú te las mereces. No tienes idea de lo feliz que me hiciste los días que pasé contigo, un rato de felicidad vale más que cien años de soledad. Eso hiciste tú conmigo esos días: darme felicidad. Porque la felicidad no es solamente chulería. Es compartir juntos. Es hacer planes para el futuro. Es ayudarse mutuamente. Y es respetarse y quererse.

—Tienes mucha razón en lo que dices. Por eso yo disfruto mucho los ratos que paso con mis hijos, porque es la única felicidad que tengo, aunque, no te lo niego, también disfruté mucho los días que pasaste conmigo acá. Fuiste muy amable y caballeroso. Creo que yo no me merezco tantas atenciones de tu parte.

—Tú te mereces todas las atenciones del mundo y, si puedo dártelas, así lo haré, porque me regalaste unos días maravillosos. Como te dije, estaba tocando tu canción y la grabé en una pequeña grabadora que tengo. Pero no soy ni buen cantante ni buen músico. Pero mañana viene un amigo mío que es músico profesional y una de las mejores voces de trío que hay en Puerto Rico y la va a grabar para enviártela.

—¡Wow! una canción dedicada a mí y la van a grabar. Qué amable eres conmigo.

—Primero la grabará en un CD aquí en mi casa, para yo enviártela. Si le gusta y después quiere montarla con su trío, sería formidable. Tengo que decirte algo pero prefiero hablarlo por teléfono. Si no vas salir a la noche, te llamo y te lo digo.

—Mejor me llamas después de que salga del trabajo, porque a la noche mi hermana piensa ir a visitarme y, si llamas, no podré atenderte.

—Está muy bien te llamaré al salir del trabajo.

Esteban aprovechó para darse una ducha y cambiarse de ropa para luego ir a un lugar que él frecuentaba los fines de semana, pensando en darse unos tragos y desde allí llamar a Raquel.

Sentado en una terraza del lugar y con su trago en la mano, esperó la hora indicada para llamarla. De pronto, sonó su teléfono. Era Raquel que lo estaba llamando.

—Hola de nuevo. Te llamo para que me digas lo que me tienes que contar por teléfono.

—Saludos, estoy aquí con mi trago favorito y con una vista espectacular del pueblo.

—Como te envidio. Tú ahí descansado y yo saliendo agotada de mi trabajo.

—Tú te imaginas si nosotros estuviéramos juntos. Yo te esperaría a la salida del trabajo y después nos íbamos a disfrutar la noche.

—Bueno, a lo mejor un día se te da ese deseo. ¿Qué era lo que me querías decir?

Cuando Esteban le fue a decir lo que era ella, lo interrumpió.

—Esteban perdóname un minuto que me ha entrado otra llamada a mi celular. Te llamo para atrás enseguida.

Pasaron varios minutos y no llamó. Luego, pasó mucho más tiempo y tampoco llamó. En definitiva, nunca llamó durante esa noche. Esteban se sentía como si lo hubiera dejado con la palabra en la boca, como se dice en Puerto Rico.

Se marchó de lugar de mal humor por lo que le sucedió. Se sentía enfadado con ella porque, para él, era como si le hubiera faltado el respeto.

Pensaba muchas cosas entre ellas no volver a llamar a Raquel a menos que ella le diera una disculpa, porque se sentía ofendido por la actitud de ella.

Al otro día por la mañana pensaba en lo que le había hecho Raquel de no haberle devuelto la llamada. Se conectó a FaceBook y entre los mensajes que había, estaba uno de ella pidiéndole disculpas por no haberle devuelto la llamada. Pero no le decía por qué no lo había hecho. Notó que el mensaje de disculpa se lo había enviado pasadas las dos de la madrugada.

Se sintió más aliviado ya que por lo menos recibió una disculpa de ella por haberlo dejado esperando la llamada. Como de costumbre, le escribió un mensaje a ella y aprovechó y le escribió lo que le iba a decir por teléfono.

Le manifestó también que a él le gusta más la paz que la guerra, y que, mientras ella lo respetara a él como él la respetaba a ella, nunca pelearía con ella.

Durante varios días, Esteban sintió una angustia por dentro que no lo dejaba tranquilo. Le pedía a Dios que le aliviara esa sensación que no lo hacía sentir bien. Pero esa angustia era la falta que le hacía Raquel.

Pensaba en que iba él a hacer con eso que sentía por ella al tiempo que se encontraba tan distante de la mujer que empezaba a amar. Se sentía agobiado en su casa y su relación con su esposa era cada día era peor. Casi ni se comunicaban y él era como un cero a la izquierda en su casa.

Toda esa situación lo hacía pensar en la decisión que, en un momento dado, tendría que tomar. Estaba decido a abandonar su hogar si Raquel le daba una esperanza de estar con él.

Era domingo por la mañana y le escribió un mensaje a ella diciéndole cómo se sentía y hablándole de aquel momento tan especial que tuvieron.

Como a las diez de la mañana se conectó a FaceBook vio algunos amigos conectados, pero no a ella. Imaginaba que a esa hora de la mañana estaba durmiendo. Entró a otro sitio de la Internet y verificó diferentes mensajes que le habían enviado nuevos amigos.

Luego de unos quince minutos se conecta de nuevo a FaceBook y ve que Raquel está conectada, no pierde tiempo y la saluda.

—Hola buenos días.

—Buenos días ¿cómo estás?

—Si leíste el mensaje que te envié hoy, sabrás cómo estoy porque en él te manifiesto lo que me pasa.

—Lo siento que estés así. Esa es tu situación y yo no puedo hacer nada o intervenir.

—Por lo menos, me puedes apoyar o respaldar.

—¿Cómo puedo hacerlo?

—Tú sabrás. Dándome apoyo, aconsejándome.

—Es que eso es una cuestión personal tuya y no debo intervenir. Además, tú sabes que yo siempre te he brindado mi amistad solamente que es lo que te puedo dar.

—Por ahora, a mí me basta esa amistad. Quizás más tarde sientas algo más por mí.

—No sé, pero siempre tendrás mi amistad.

—Creo que tú sientes algo por mí, pero no lo expresas. Porque tú te entregaste a mí y yo no creo que lo hayas hecho por amistad. Lo hiciste porque lo sentiste y tú eres una mujer que cuando se entrega a un hombre es porque lo siente y desea, porque a ti te gusta hacer el amor, no el sexo. ¿O me equivoco?

Ella esquivó esa contestación y le cambió el tema

—¿Sabes que mi mamá todavía está por donde te dije con aquel extraño compañero de mi hermana, el hijo de ella, mi sobrino, y mi hermana por acá, disfrutando y fiestando con sus amistades?

—Raquel parece que tú eres la única que te preocupas por tu mamá. Debes averiguar si ella se encuentra bien.

—Yo he hablado varias veces con ella y me dice que está bien pero sigo preocupada.

—Yo te aconsejo que averigües y cuestiones a tu hermana sobre la situación de tu mamá. Y tus hijos ¿cómo se encuentran?

—Mi nenes están muy bien, gracias por preguntar por ellos.

—Recibiste el certificado para sacar el pasaporte.

—Todavía no. Espero que mi papá me lo haya enviado esta semana para hacer las gestiones del pasaporte. Esteban tengo una llamada de mi prima María que hace tiempo que no hablo con ella así que seguimos hablando después.

—Está muy bien. Continuamos en otra ocasión.

Esteban se quedó pensativo, considerando lo que le había dicho Raquel. ¿Será posible que ella no sienta nada por él? Todo el tiempo, cuando él la cuestiona, ella le dice que lo único que le puede ofrecer es su amistad.

Eso lo tiene confundido, porque mientras estuvieron juntos esos días, ella se dejó acariciar por él y no lo rechazaba, hasta el punto que hicieron el amor.

Varias interrogantes le llegaban a su mente. ¿Sería posible que ella no sintiera nada por él? ¿O que sintiera sólo una amistad? ¿Que se dejaba acariciar e que hiciera el amor sólo para complacerlo a él? ¿O sólo para que no se sintiera mal? ¿O que se dejara hacer todo eso por lo caballeroso que él había sido con ella?

Tendría que esperar ahora hasta diciembre, cuando ella viniera para Puerto Rico, según cómo compartieran, él tendría las repuestas a sus interrogantes. Porque si ella se portaba con él como se había comportado cuando él había ido visitarla, entonces ella tenía que sentir algo por él. Lo que pasaba era que Raquel era bien dura para expresar sus sentimientos.

Además, ella se había dedicado en cuerpo y alma a sus hijos Pamela y Jaime, porque era lo único que tenía con ella en los últimos veintidós años, y en un país que no era el suyo.

Su vida giraba en torno a ellos y los había protegido tanto que no se imaginaba y tenía miedo de algún día separarse de ellos.

Por una parte, era bueno cuidar y preocuparse por los hijos, pero poco a poco había que irlos soltando. Ojalá cuando llegara ese momento, ella pudiera estar preparada para vivir sola. Porque luego de muchos años divorciada, no se había preocupado por tener una pareja estable.

Esteban se preguntaba por qué ella no tendría pareja, porque poseía todas las cualidades que se buscan en una mujer. Era bonita, amable, con una sonrisa que enamora, atenta, simpática, se arreglaba y vestía muy bien... En fin, muchas cosas más.

Él no se explicaba por qué ella siempre le decía que era un gran amigo, cuando le había reconocido que no había compartido con un hombre que fuera tan caballeroso como él. Además, le había dicho que reconocía lo amable que él era, lo desprendido que era con ella y sobre todo que era un gran amante.

La verdad que ella lo confundía con esas cosas y pensaba cómo podría llegar hasta su corazón y cambiar su forma de pensar.

A veces, él creía que la diferencia de edad entre los dos podía ser un obstáculo para que formaran una pareja, aunque Raquel le hubiera manifestado muchas veces que la edad no era un factor y que él se veía muy bien para su edad, además de haberle dicho que era buen conversador, muy alegre y que disfrutaba mucho con él.

Después de que Esteban analizó todos esos factores, llegó a la conclusión de que el único interés de Raquel en esos tiempos era estar con sus hijos, olvidándose de ser feliz con una pareja.

En cierto modo, él la entendía, porque ella había sido todo para ellos y se profesaban un amor bien grande y profundo, y en todo momento se lo expresan.

Muchas veces, cuando iba con ella en el carro a cada rato la llamaban o Pamela o Jaime, para saber dónde estaba y con quién y al finalizar la llamada se despedían con un ''I love you, mami".

Todo eso estaba muy bien y bonito porque los tres vivían solos y los hijos nunca habían tenido el cariño de un padre. Eso había creado un círculo tan cerrado entre ellos que sentían celos de que alguien se acercara a su madre.

Dadas esas circunstancias, Esteban pensaba que sus posibilidades de estar con Raquel eran cada día más remotas. De momento, pensaba en tratar de ir separándose de ella poco a poco, pero se le hace muy difícil porque la tiene bien arraigada en su corazón y en su pensamiento.

Sólo el tiempo diría lo que sucedería con esa relación que tenía a Esteban patas arriba y pensando en separarse de su esposa de tantos años. Sin embargo, el motivo no había sido Raquel, porque él hacía muchos años que se sentía así, que su matrimonio había caído en un letargo que ya no le importaba.

Esteban tomó la decisión de ir cortando poco a poco su relación con Raquel, porque le estaba afectando emocionalmente no poder estar con ella.

Continuó enviándole todos los días un mensaje de inspiración y, de vez en cuando, la llamaba durante el día. Había decidido ir eliminando los mensajes, las llamadas y hasta los chateos por la noche. Se cuestionaba si tendría la fuerza de voluntad para poder hacer todo eso.

Esa mañana no le envió el mensaje acostumbrado, aunque lo hizo con otra intención, la de ver si ella lo extraña y le envía algún mensaje o lo llama, y así saber si ella también se preocupa por él.

Después del medio día, a eso de las dos de la tarde, Esteban encendió su computadora y ver si había mensajes para él. De los que había, uno era de Raquel. Pensó, 'como hoy no le envié ningún mensaje, ella decidió enviarme uno'. Exactamente. Ella le contaba varias cosas que le sucedieron en el fin de semana. Esteban se sintió muy bien con el mensaje de ella.

Luego, más tarde, se conectó a FaceBook y estaba conectada pero no quiso saludarla porque estaba en su trabajo. Al rato, Raquel fue la que lo saludó.

—Buenas tardes, Esteban.

—Buenas tardes, mi reina. ¿Cómo estás? Leí lo que me comentaste de tu tía en el mensaje que me enviaste. A lo mejor fue mi estudiante también.

—Es posible, porque ella es de mi edad. Hacía muchos años que no sabía de ella y ayer se comunicó conmigo por FaceBook. Luego me llamó por teléfono y estuvimos hablando por un buen rato.

—Me alegro por ti, porque la familia debe buscarse y comunicarse siempre. ¿Es tía tuya por parte de quién?

—Es hermana de mi papá. Estaba conmigo en la escuela pero era medio loquita.

—No la recuerdo a ella. Tendría que verle la cara para recordarla porque ha pasado mucho tiempo. No todas son como tú, que mantienes la misma sonrisa y el mismo físico, porque no has cambiado mucho.

—Ya empiezas con tus halagos hacía mí.

—¿No te gusta que te halague?

—Cualquier mujer se siente halagada por los comentarios de un hombre tan especial como tú.

—¿Qué hiciste este fin de semana?

—Estuve ocupada con el esposo de otra tía que vino de visita. Luego fui el sábado con unas amistades a ver un circo en downtown que siempre quise ver. Me pagaron la entrada. Aproveché y disfruté mucho el show.

—Me alegra por ti que disfrutes de vez en cuando para que te distraigas, porque tú tienes muchas responsabilidades. A veces, me pregunto cómo cumples con todas.

—Tengo que trabajar duro para cumplir con todas ellas, pero, gracias a Dios, he salido hacia adelante.

—De lo que me comentaste en el email que me enviaste en el sentido de que me sentías deprimido, yo todavía no he dejado que ese sentimiento se apodere de mí. Le pido a Dios que me dé paz espiritual que es mucho mejor.

—El domingo me quedé casi todo el día en mi casa, aunque salí un momento a visitar mi hermana y, de una vez, recoger el certificado de nacimiento que necesito para el pasaporte porque mi papá lo envió a su casa.

—Raquel, a veces tú me notas deprimido. Lo que pasa es que lo que vivo día a día no es fácil para mí.

—Yo te comprendo. Esa situación la viví yo por veinte años.

—Por lo menos tú me entiendes. Aunque siempre hay unos cambios emocionales, hay que seguir hacia delante. Para atrás, ni para coger impulso.

—Lo que debes hacer es salir con amistades y distraerte.

—¿Tú piensas venir a Puerto Rico en navidades? ¿Cuántos días vas coger de vacaciones?

—Lo más seguro es que esté dos semanas de vacaciones en Puerto Rico.

—Debes cotejar con tiempo los pasajes. A veces son más baratos si los separas antes. Recuerda, cuenta conmigo para el pago de ellos.

—Sí, lo voy a hacer, pero el pago de los pasajes me corresponde a mí. Gracias por tu ofrecimiento.

—Te pregunté porque tengo un amigo que tiene un apartamento cerca de la playa en el área este. Me dijo que lo podía usar y me gustaría llevarte para que disfrutemos del lugar aunque sea un día. Tengo otro amigo que me ofreció una casa de playa que tiene en el oeste.

—Te diré con tiempo cuando será el viaje. Me gustaría ir a esos sitios que me dices, porque hace mucho tiempo que no disfruto de las playas de Puerto Rico.

—Cuando fui a visitarte, te portaste conmigo de maravillas. Además, fuiste muy buena anfitriona y muy puntual y eso está grabado en mi memoria y te debo esa. Además, mi reina, verte a ti vale todo el dinero del mundo.

—Lo que hice por ti cuando viniste de visita no era para que me lo quedes a deber. Lo hice con mucho gusto.

—Yo lo hago con mucho gusto y placer. No por pagarte el favor. Quiero que disfrutes esos días. Te olvides de los problemas y el estrés que siempre están presentes. ¿O a ti no te da estrés?

—-Todos los días tengo estrés no es fácil luchar sola.

—Pude notar que trabajas fuerte para poder salir hacia adelante. Por eso, mamita, quiero que esos días que estés

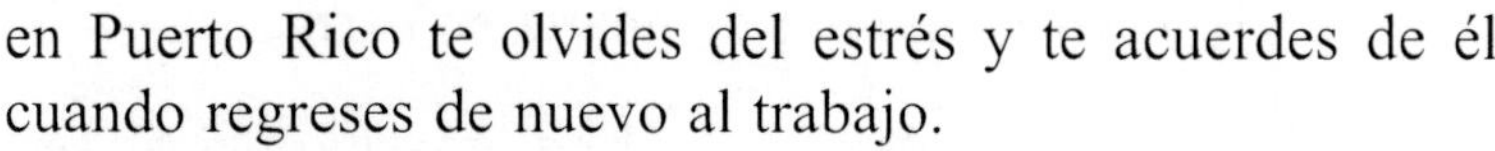

en Puerto Rico te olvides del estrés y te acuerdes de él cuando regreses de nuevo al trabajo.

—Muchas gracias, Esteban. Tú siempre tan complaciente.

—Quiero que seas feliz porque eso es lo importante en la vida, la felicidad. Qué se joda el mundo.

—Siempre se debe tratar de buscarla, aunque a mí se me ha escapado en parte.

—Porque tú quieres. Sabes que estoy dispuesto a hacerte una mujer feliz, pero eso depende de ti.

—Siempre te he dicho, 'Démosle tiempo al tiempo'.

—Raquel, te tengo otra sorpresita por ahí. Pronto te la envío.

—Si es como la otra, me va a encantar, porque lo que me trajiste fue fabuloso.

—¿Qué la hiciste? ¿Y la caricatura del acuario?

—A la caricatura, aún no le he comprado el marco. Y el retrato que me trajiste, lo tengo colgado en mi cuarto.

—Como yo no tengo que hacer muchas cosas en el día me, paso inventando cosas para sorprenderte.

—Lo sé y me agrada lo que haces porque a mí me gusta que tengan detalles conmigo.

—Es que a las personas hay que agradarlas. Y las parejas deben apoyarse mutuamente, estimularse, para que puedan triunfar. No que sean los de afuera los que estimulen a uno. El estímulo de los de afuera es el premio al esfuerzo que uno hace por crear algo.

—Así debe ser cuando se comparte en pareja.

—Te digo que ya seleccioné el retrato tuyo que irá en la dedicación del libro.

—¿Cuál es el retrato?

—Es que tienes tantos, pero hay otro que me llamó la atención de manera especial, por lo natural que te ves en él.

—Tú siempre con tus ideas y cosas. Ahora me romperé la cabeza buscando en tantos retratos. ¿Cuál será?

—Pareces que estás muy ocupada ahora, porque te estás tardando en contestarme. Seguiremos después con esta charla. Buenas tardes.

—Está muy bien. Hablamos después. Bye.

Al otro día, Esteban se conectó después de las dos de la tarde, porque sabía que ella se conectaba desde su trabajo. Efectivamente, estaba conectada y decide hablarle.

—La foto que me enviaste a mi email está muy bonita pero no es la que voy a usar para el libro.

—¿Qué foto? Yo no te envié ninguna foto hoy.

—Pero dice que viene de parte tuya.

—Te repito yo no fui.

—Será una broma de mi amigo.

—Si es una broma, es de muy mal gusto. A mí no me gusta eso y más que usen mi foto sin autorización.

Esteban notó, por el timbre de voz, que Raquel estaba enfadada y con razón. Pensaba, 'Es mi culpa porque yo le hablé a mi amigo de ella'.

—Tú tienes toda la razón pero yo no puedo asegurar que fue él. Te prometo que voy a averiguar y si fue una broma de él, va a tener un problema conmigo porque tampoco a mí me gusta ese tipo de broma.

—Dile que respete la privacidad de las personas y, si no las conoce, más aún.

—Te pido excusas. Soy el culpable porque fui yo quien le pedí que me hiciera un trabajo en computadora y le hablé de ti.

—No tiene derecho a hacer eso.

A Esteban, se le ocurrió enviarle el email a ella para que viera la foto, más tarde procedió a llamarla.

—Raquel, soy yo. Perdona que te llame ahora. Es para decirte que te envié el email con la famosa foto. La ves y me dices si tú lo hiciste para mi tranquilidad.

—Ahora no puedo verificar porque estoy cocinando pero más tarde lo hago.

—Está bien. Te dejo y me comunicaré a la noche.

A eso de las ocho y media de la noche Esteban se conecta a FaceBook y ya ella estaba conectada.

—Esteban no recibí el email que me enviaste, no llegó al mío.

—Yo lo envié. No te desconectes que voy a enviarlo de nuevo.

—Ahora lo recibí. Pero esas son fotos que yo pongo y FaceBook se encarga de subirlas a los amigos. Por eso la recibiste.

—O sea que no es lo que yo estaba pensando que pudo ser una broma de mi amigo.

—No, está bien no hay problema.

—Gracias, porque me estaba sintiendo muy mal por eso y me quita un peso de encima.

—Esteban, voy a comer que es tarde. Después nos comunicamos.

—Muy bien. Te hablo luego. Adiós.

Esteban se sentía más tranquilo porque lo de la foto fue un malentendido y tampoco era una broma de su amigo. Lo más que a él le interesaba era que Raquel no se molestara con él por haberle hablado a su amigo de ella.

Pensaba que a veces los hombres hablaban demás, porque no debió hablarle a su amigo de ella. Eso era una relación personal entre los dos. Aunque él sólo le comentó a su amigo lo de la visita y lo bien que lo atendió. No le dijo nada de cosas íntimas entre ambos, porque eso sólo le importaba a ellos dos, además de ser muy personal.

Habían pasado tres semanas desde que Esteban había estado con Raquel. Cada día, su amor por, y el deseo de estar con ella era más grande. Todo el día ella estaba en su pensamiento y no encontraba como sacársela de su mente. Le pedía a Dios que le ayudara a eliminar esa angustia que se había apoderado de él en sus momentos de soledad.

Por las mañana a las ocho, pensaba, 'Ahora ella está llegando a su trabajo', y en su pensamiento, deseaba que lo llamara, pero nunca ocurría. Al mediodía, pensaba, 'Está en su hora de almuerzo'. Seguía con la esperanza de que ella le llamara, pero tampoco sucedía. A las cinco de la tarde, pensaba, 'En estos momentos, está saliendo de su trabajo', siempre con el mismo deseo de recibir llamada de ella, pero nunca lo hacía.

Muchas veces el deseo de él por escuchar la voz de su amada era más fuerte que esperar que ella llamara, lo cual no hacía muy frecuente. Decidía llamarla especialmente por la tarde a la hora de salida, pero muchas veces no tenía suerte, porque casi siempre le salía un mensaje grabado de Raquel.

Pensaba que, según fuera pasando el tiempo, no se recordaría de ella como al principio. Aunque no era lo que deseaba, era lo mejor para su estabilidad emocional porque, al estar sólo todo el día en su casa, sus pensamientos eran para ella.

Ya por la noche estaba desesperado por conectarse a FaceBook y tener la suerte de que ella estuviera conectada. A veces, no se conectaba y otras veces, cuando lo hacía, era muy tarde y casi no hablaban.

Algunas veces Esteban se conectaba a FaceBook y ella estaba conectada. Esperaba a ver si ella le saludaba y, en su lugar, lo que ella hacía en ocasiones era desconectarse. Cuando sucedía esa situación, pensaba que no quería chatear con él y se sentía frustrado si esa era la razón por la cual se desconectaba.

Hoy por la mañana Esteban vio en su pantalla un mensaje de Raquel que le llamó mucho la atención por lo profundo de su significado. Decía, ''No es más grande la persona que más espacio ocupa, sino la que más vacío deja si no está".

Al ver ese mensaje en su email se sintió halagado, porque pensó que ella se lo había dicho a él. De inmediato le contestó y le habló de lo importante para él del significado del mensaje que ella le había enviado.

Pero su alegría duró poco, porque más tarde ella le contestó que escribe a veces esos mensajes en FaceBook y que todos los que son sus amigos en FaceBook lo reciben y le dijo que no se lo había escrito a él en particular.

Por un momento, se sintió frustrado con ella y pensó que Raquel muy rara vez le había expresado algún sentimiento de amor o cariño a pesar de todo lo que ella reconocía en él.

A veces se preguntaba, '¿Cómo una mujer puede ser tan dura con sus sentimientos?' y a la vez pensaba que él había fracasado como hombre con ella, porque ya no encontraba con qué más agradarla.

Usaba todos los recursos disponibles y con los cuales se podía agradar a una mujer, y lo hacía de corazón, porque la amaba. Era caballeroso, atento, desprendido, siempre tenía una palabra bonita para ella, le resaltaba sus cualidades como mujer, se interesaba por cómo estaban sus hijos... En fin, muchas cosas más, cosas que a cualquier mujer, menos a Raquel, le hubieran sido suficientes para enamorarse de un hombre como él.

A veces, decía que a lo mejor no valía la pena estar luchando por el amor de una mujer que nunca le iba a corresponder como él quería.

Hablaba con Dios pidiéndole sabiduría para poder bregar con la situación que él estaba ya sentía le estaba afectando emocionalmente, porque no podía sacársela de la mente. Al final, terminaba llamándola o esperando por la noche a ver si podía chatear con ella.

Un vez, hacía cuatro días que no tenía ninguna comunicación con ella. Se sentía mal, angustiado por la situación y, a pesar de que le rogaba a Dios para que le diera tranquilidad de espíritu, la angustia era mayor y más pensaba en ella.

No quería llamarla porque la mayoría de las veces que lo hacía, le contesta una grabación y ya casi no quería intentarlo. Se había conectado a FaceBook como a las dos de la tarde para ver si estaba conectada. Sí había estado conectada, él había esperado un largo rato, pero ella no le saludó.

Entendía que a esa hora estaba ocupada en su trabajo y quizás no podía chatear con él. Se preguntaba, si no puede chatear ¿por qué se conecta a FaceBook a esa hora? No tenía respuesta para su pregunta.

Por la noche se conectó como de costumbre a FaceBook, con la mala suerte de que ella no estaba conectada. Esperó por más de dos horas. Se fue a ver televisión todo ese tiempo para esperar si se conectaba.

Pasadas las nueve de la noche, volvió a su computadora y vio que entonces sí estaba conectada. Esperó unos minutos por si ella le saluda, pero no tuvo éxito en su espera. Decidió iniciar él la comunicación. Pasaron muchos minutos y no le devolvió el saludo, y eso le frustró más.

Se hacía muchas preguntas con relación a Raquel: ¿Será qué a ella no le interesa su amistad? ¿Por qué se comporta con él así? ¿Su contacto con él ya le molesta? y varias preguntas más.

Le escribe que sólo quería saludarla y que le perdonara si le interrumpía lo que estaba haciendo y luego se desconectó.

Como Esteban tenía la costumbre de enviarle un mensaje a Raquel todas la mañanas, le escribió pidiéndole que le perdonara y excusara por tratar de hablar con ella anoche, que no era su intención interrumpirla. Además, le indica que lo mejor que Dios hizo fue un día después del otro y que él tiene la paciencia de esperar para cuando ella decida comunicarse con él.

Al otro día, Esteban le envió por correo la otra sorpresa que le había prometido. Era una canción que le había escrito y que había titulado ''Raquel''. Se la enmarcó con una foto de ella. Él estaba seguro de que, cuando la recibiera, iba a ser de su agrado porque la canción era muy bonita y alusiva a ella.

Llegó el sábado y Esteban pensaba que lo más seguro tampoco sabría de ella ese día, porque él salía por la noche a darse unos tragos con los amigos. Ha decidido no llamarla por las razones que había anteriormente: Casi siempre lo que salía era una grabación, y para ver si ella se acordaba de él y lo llamaba, porque regularmente era él quien llamaba.

Tenía unos deseos inmensos de hablar con ella, de escuchar su voz, de saber qué estaba haciendo, pero hizo un esfuerzo y resistió la tentación de llamar.

El día resultó estar lluvioso y, cuando los días estaban así, a él no le gustaba salir, por lo cual no salió. En su fuero interno, deseaba que ella estuviera conectada a FaceBook y que pudieran chatear, porque hacía días que no hablaban. Sin embargo, no hubo suerte y no supo nada de ella en el fin de semana, porque ella tampoco se comunicó con él.

Pasado el fin de semana, el lunes como a la una de la tarde, le envía un email notificándole sobre una información que recibió en su email que tiene que ver con el email de ella para que lo ponga al día o se lo pueden borrar.

Su deseo primordial es saber de ella y, además, que si le borran su email no tendría más comunicación con ella por chateo y ya él estaba muy acostumbrado a hablar con ella por ese medio.

Pasadas las seis de la tarde, el teléfono de Esteban sonó y, al mirar la pantalla, vio el nombre de Raquel y su corazón se aceleró. Hacía más de cinco días que no escuchaba su voz.

—Buenas tardes. Como extrañaba tu voz.

—Buenas tardes, Esteban. ¿Cómo has estados estos días?

—Extrañándote mucho. Ya casi no te comunicas conmigo.

—Es que a veces estoy muy ocupada, pero también pienso mucho en ti.

—¿De verás que me extrañas y piensas en mí?

—Un amigo como tú no se olvida fácilmente.

—Qué pena que sólo sea tu amigo, porque me gustaría ser algo más en tu vida.

—Tú sabes que siempre te he dicho la verdad y yo soy tu amiga incondicional.

—Yo me conformo con que seas mi amiga incondicional. Lo mejor que Dios hizo fue un día después del otro y, como dice el refrán, ''de la esperanza vive el cautivo''.

—Nunca se deben perder las esperanzas.

—Por eso yo siempre te lo digo, porque a lo mejor algún día abres tu corazón a un nuevo amor y quiero estar en primera fila.

—Démosle tiempo al tiempo como siempre te he dicho. Recibí esta tarde el paquete que me enviaste. ¿Por qué tú tienes tantos detalles conmigo si yo no te doy motivo para que lo hagas? Y me da pena contigo, porque no te correspondo como tú te mereces.

—¿Te gustó lo que te envié?

—Mucho. La canción con el retrato en el marco está preciosa. Me dejas sin palabras.

—Eso es lo importante, que te haya gustado y eso me hace feliz.

—Las otras cosas que me enviaste están muy bonitas, especialmente la guía para visitantes del pueblo, pero, te repito, no tienes que hacer eso por mí.

—Todavía quedan más sorpresas, pero te las envío después.

—¡Wow! ¿Más? Tú eres especial. Tengo que terminar la conversación. Si puedo, chateamos a la noche. Bye.

—Que Dios te cuide siempre. Nos vemos. Adiós.

Por la noche, Esteban se conectó a FaceBook y ya ella estaba conectada. Como hacía muchos días que no chateaba con ella, inició el diálogo.

—Hola, preciosa. De nuevo te saludo, pero ahora por Internet porque hace tiempo que no chateamos.

—Lo que pasó fue que la computadora estaba un poco fuera de servicio.

—Lo importante es que ahora estás ahí. ¿Todavía sigues con la idea de venir para navidades?

—No estoy muy segura, porque estoy un poco enojada con mis padres por sus actitudes conmigo.

—Tú siempre pendientes de ellos y no te dan la importancia que tú te mereces.

—Eso es así y a lo mejor no vaya en navidades. Veremos qué decido.

—Con el deseo que yo tengo de que tú vengas. Ya estaba contando los días que faltan.

—Todavía no he tomado una decisión, te dejaré saber lo que decida.

—Tú sabes que yo tengo varios proyectos contigo que me gustaría realizar.

—¿Qué proyectos?

—El primero es el libro, del cual tú eres la protagonista y te lo voy a dedicar.

—Que nice. Siempre tan amable.

—Otro sería un viaje. Es más, te voy a sugerir que, si no vienes en navidades, planifiques una buenas vacaciones en verano. Yo te invito.

—Sería maravilloso. Pero recuerda que yo tengo una familia que velar por ella.

—Por eso te digo que las planifiquemos con tiempo y voy como tu amigo incondicional. No creas que lo hago con otro interés, aunque siempre te he dicho mis sentimientos.

—Vamos a ver qué pasa de aquí hasta que llegue el momento.

—Quiero hacer muchas cosas por ti. Así que cuenta conmigo.

—Muchas gracias Esteban y sé cómo eres porque te portaste muy bien conmigo y muy respetuoso.

—Si surge algo entre nosotros, surge en el momento. No se va de mi pensamiento el momento en que decidiste ser mía. Pienso a cada rato en él y, como hombre, tengo que autoestimularme para seguir viviendo esa experiencia. Recuerda que yo llevaba muchos años de no tener relación alguna con una mujer y contigo fue como si fuera la primera vez.

—¡Wow! ¡Eso te provocó! Pero si yo no tengo un gran cuerpo.

—Para mí, lo tienes perfecto. También recuerdo cuando te acariciaba los pies y tu parte más íntima. Parece que tú no recuerdas ese momento.

—No digas eso. Lo disfruté mucho y lo recuerdo a cada rato. Fue maravilloso.

—Como te dije, en verano podemos de nuevo vivir esos ratos maravillosos y como dos buenos amigos especiales que somos.

—Está bien. Veremos qué sucede de aquí al verano. Me despido, porque ya es tarde y mañana hay que trabajar. Que tengas buenas noches.

—Las voy a tener porque hablé muchas cosas contigo que no había hablado antes. Buenas noches.

Al otro día, Esteban le escribió su acostumbrado mensaje a Raquel en el cual le decía que había disfrutado mucho el diálogo de la noche anterior y que fue especial porque, por primera vez, hablaron de los momentos más íntimos que tuvieron.

También se sentía renovado porque, aunque pensaba que ella estaba un poco fría con él, el chateo de la noche anterior había sido muy ameno y le había llenado de energía.

La semana anterior se había sentido angustiado y había estado pensando todo el tiempo en qué sería de su relación con Raquel. Aunque ella le había ratificado que lo sigue viendo como un amigo muy especial y que sería su amiga incondicional, por lo que hablaron, notó que ella en algún momento quizás abriría su corazón y desearía estar con él.

Por la tarde, se conectó a FaceBook y ella estaba conectada. Quiso entablar un diálogo con ella, pero desistió de la idea, porque ella estaba en su trabajo y a lo mejor no podía hablar mucho con él. Le escribió un mensaje corto y de inmediato se desconectó para esperar y chatear con ella por la noche si se conectaba a FaceBook.

Por la noche, cuando se conectó a FaceBook, ella no estaba. Esperó un buen rato, pero no tuvo éxito y decidió desconectarse.

Al otro día, se conectó a las dos de la tarde y ella estaba conectada. Aunque ella estaba en su trabajo, él decidió saludarla.

—Buenas tardes. No quiero interrumpirte en tu trabajo, pero tengo el deseo de saludarte y, si estás conectada, es que no tienes mucha tarea que realizar.

—¿Cómo estás? Aquí siempre hay tarea que realizar. Te puedo hablar, pero si suena el teléfono, tengo que interrumpir la comunicación.

—Lo sé y puedo esperar. Ayer no quise saludarte por no interrumpir tu trabajo, pero después por la noche, no te conectaste durante el tiempo que yo estuve frente a mi computadora y terminé no hablando contigo.

—Trabajando fuerte, porque tu sabes los compromisos que tengo. Logro pagarlos, pero se me hace bien difícil.

—Siempre te he dicho que cuentes conmigo en lo que te pueda ayudar. ¿Necesitas algún dinero?

—Esteban, para mí es bien difícil que tú me ayudes económicamente. Además, no es tu obligación. Otra cosa es que yo no estoy acostumbrada a que alguien me dé dinero. Te lo he dicho muchas veces. Pero te lo agradezco y muchas gracias por ofrecerte a ayudarme.

—Sé que tú lo haces sola y no quieres ayuda de nadie, pero yo soy tu amigo y me gustaría ayudarte. Sabes que lo hago de corazón. No por estar contigo. Porque, ahora, si te vuelvo a ver, será dentro de un año. O sea, que no hay ningún interés en particular.

—Muchas gracias. Lo sé. Sé que lo haces de corazón porque sé la gran persona que eres. Me llama la atención que yo no te he pedido la ayuda y sale de ti en brindármela. No puedo aceptar porque yo no quiero que pienses que mi amistad contigo es por interés. Yo estoy contigo porque eres un amigo muy especial en mi vida.

—Por favor, Raquel, me ofendes con ese comentario. Sé la mujer que eres y lo pude comprobar cuando te estuve visitando y jamás pensaría de ti otra cosa.

—De todas maneras, muchas gracias. Quizás algún día la acepte, pero en estos momentos no puedo. Es que yo soy así.

—Sabes que estoy a tus órdenes. Cambiando el tema, en el mensaje que te escribí esta mañana, te pedí que me dieras unos números.

—Sí, lo leí. ¿Para qué los quieres?

—Es que anoche tuve un sueño en que alguien me daba unos números para jugarlos, pero no se veía la persona que me los daba. Pensé, 'Con la única persona que yo me comunico mucho es con Raquel'. Así que pensé que la del sueño y los números podías ser tú. Como el juego de la ''Loto'' de Puerto Rico tiene un premio de nueve millones de dólares te pedí que me dieras unos números del 1 al 45.

—Yo te los envíe por email escogí el 9-15-21-34-36-43 espero que tengas suerte y te pegues.

—Ya los copié y los pienso jugar esta tarde. Si salen, vas a tener que aceptar mi ayuda.

—Siendo así, la aceptaría porque viene de la suerte que te di.

De momento, la conversación se interrumpió y tardaba ella en comunicarse, quizás por estar ocupada. Él decidió desconectarse y le dio la excusa de que tenía que hacer unas diligencias.

Como hacía tiempo que no hablaba por teléfono con ella, decidió llamarla a la hora en que ella había salido del trabajo. ¿El resultado? El mismo de siempre: la grabadora contestando. No quiso dejarle un mensaje.

Pasaron como cinco minutos y su teléfono sonó. Era ella que le devolvía la llamada y excusándose, porque había estado guiando con el teléfono en la cartera. Pero Esteban había llegado a la conclusión de que, muchas veces, cuando la llamaba, al ver su nombre en el celular, ella no quería hablar con él.

—Perdóname, casi siempre que me llamas te sale la grabadora. Debes odiarla porque tú no llamas para hablar con ella.

—Te soy honesto, a veces me cohíbo de llamarte porque me sale la grabadora. El consuelo que me queda es que escucho tu voz a través de ella.

—Pero, tan pronto pude, vi que eras tú y te llamé enseguida.

—En eso tienes razón. ¿No piensas venir en navidades?

—No, estoy muy molesta con mis padres. Te había dicho que mi mamá está acá y me ha tratado muy mal. No quiere venir a mi casa a visitarme. Me habló duro y hasta me regañó porque le dije unas cosas sobre mi hermana y el compañero que tiene. Parece que a ella no le gustaron y me enganchó el teléfono.

—Así son los padres a veces, defienden más a unos que a otros. Tú que siempre estás preocupándote por ella y mira como ella se porta contigo.

—Yo quería que se quedara en mi casa unos días, ya que nunca me ha visitado en la casa nueva, y que viera todo lo que su hija ha logrado sola. No sé por qué, pero siempre han sido así conmigo.

—Tú haces todo lo que puedes. Si ella no quiere y se porta así, debes estar tranquila porque no es tu culpa.

—Pero esa actitud de ella me duele, porque es mi mamá y yo la quiero y la amo.

—Si no vienes en navidades, deja tus vacaciones para verano. Planificamos unas buenas vacaciones para que las disfrutes de verdad.

—Esperemos a ver lo que sucede y a lo mejor lo haga. Te voy a dejar porque ya llegué a mi casa y quiero aprovechar antes que oscurezca y lavar el carro. Bye.

—Adiós y, si estás conectada a la noche, chateamos un rato porque contigo siempre hay de qué hablar.

Llegó el viernes y habían pasado varios días sin que Esteban hablara con Raquel. Se imaginaba que a esa hora de la tarde ella podía estar conectada a FaceBook desde su trabajo. Al conectarse, vio que estaba conectada y decidió saludarla, y ella contestó aunque se tardó varios minutos en devolverle el saludo.

—Perdona que no te contesté rápido. Era que estaba atendiendo llamadas por teléfono.

—No te preocupes, que yo tengo tiempo demás.

—¿Qué piensas hacer hoy?

—Tú sabes, lo de siempre. Mi viernes social y la bohemia.

—Eso es bueno, que salgas y disfrutes tu viernes social.

—¿Y tú? ¿Qué piensas hacer?

—De ahora en adelante, voy a pensar en mí. Me voy a dedicar a hacer ejercicios, voy a comprarme ropa nueva para verme bonita y ser una mujer nueva.

—Siempre te he dicho que tú debes pensar en ti primero y vivir la vida. No puedes dedicarte de lleno a los demás aunque sean tus hijos.

—Tanto que uno se sacrifica y no agradecen nada. Ya me cansé. Ahora seré una nueva mujer.

—Nunca te había escuchado hablar así ¿A ti te pasó algo? Por favor, confía en mí y cuéntamelo.

—Algo que me dolió en el corazón, pero no te preocupes que no es nada. Yo estoy bien.

—No me mientas. Tú no estás bien y lo noto en lo que me expresas. Después te voy a llamar a ver si decides decírmelo. Sabes que puedes contar conmigo en todo momento para lo que tú quieras.

—Gracias, Esteban. Sé que lo haces de corazón y te digo que te aprecio mucho por lo lindo que eres conmigo. Eres muy especial en mi vida.

—Cuando dices eso, me haces sentir tan bien con tus halagos y tú eres tan especial o más en mi vida.

—Esteban, ya pronto salgo. Así que me despido chateamos otro día. Bye.

—A la noche, voy a estar en el negocio de siempre. Te llamo más tarde a ver si decides contarme qué te pasa.

Esteban se quedó preocupado con lo que le estaba pasando a Raquel. Además del problema que tuvo con la mamá, a ella le tenía que haber pasado algo, porque en el tiempo que llevaban hablando, nunca le había dicho lo que dijo por la tarde.

A eso de las ocho de la noche, la llama para ver si le dice lo que le está pasando.

—Hola, mi reina. ¿Estás más tranquila? Esta tarde te noté un poco alterada y como frustrada. ¿Me puedes decir? Sabes que lo que a ti te afecta me preocupa.

—Te voy a contar porque tú eres de mi confianza. Mi hija. Que, con sus actitudes, me pone de mal humor. Mira que llevo tiempo hablando con ella para que haga algo con su vida y le da lo mismo. Hemos tenido varias discusiones por lo mismo y no reacciona. Le dije que ya no iba a meterme más en su vida que ella es adulta y que haga lo que quiera, pero que no cuente con ella para nada. Ya me cansé de lo mismo.

—Raquel, siempre te he dicho lo mismo. Ella es adulta, que asuma las consecuencias de sus actos. Para ti, es muy difícil despegarte de ella pero debes hacerlo porque nunca saldrá hacia adelante. Déjala que dé con la frente en la laja, como decimos en Puerto Rico, y verás que va aprender y darse cuenta de que tiene que enderezar su vida en algo más positivo y de provecho.

—Voy a seguir tu consejo. Se acabaron las alcahueterías con ella. Que meta mano sola y resuelva sus problemas.

—Como me dices que vas a ser una mujer nueva, repito que, si no vienes en navidades, dejes tus días de vacaciones para verano, y te prometo que vas a pasar una vacaciones inolvidables. Así que de ti depende.

—Eso que dices sería fantástico, pero todavía falta mucho tiempo y no te puedo decir todavía.

—Te digo que ya separé un dinero para esas vacaciones. Así que, en verano, esperan por ti que te decidas.

—Es que tú planificas las cosas muy temprano y no sabes las vueltas que da la vida o lo que puede suceder.

—Pero planificar con antelación no cuesta nada. Uno va pensando en ese objetivo, para que, cuando llegue el momento, se pueda dar y no surjan problemas. ¿O no te gusta la idea?

—La idea me encanta y sería chévere irse de vacaciones a un lugar bonito y olvidarse de las preocupaciones.

—Sabes que la bola está en tu cancha. La decisión es tuya. Si tú lo decides, yo ejecuto la acción.

—No estoy descartando nada. Sólo te digo que es muy temprano y que, según vaya pasando el tiempo, te diré lo que haré.

—Ya me veo disfrutando de esas vacaciones contigo, que es con quien me interesa estar.

—¿Por qué conmigo habiendo otras mujeres en Puerto Rico?

—Primero, tú eres puertorriqueña y de mi pueblo también. Mi corazón te eligió a ti y es con la que quiero estar. No me interesa más nadie.

—En nuestro pueblo hay muchas chicas bonitas. ¿No te llama la atención ninguna? ¿Sólo yo que estoy tan lejos?

—Tienes razón hay muchas chicas lindas en mi pueblo, pero yo soy muy selectivo y vi en ti una mujer digna y de confianza. Por eso es que estoy enamorado de ti.

—Gracias por hacerme sentir tan bien, pero sólo te puedo ofrecer mi amistad por ahora.

—Está muy bien. Sé que eso es lo que me ofreces, pero si tú vas a ser una mujer nueva, tienes que abrir tu corazón a un nuevo amor. Eso se va ganando poquito a poco. Yo no te soy indiferente y te sientes bien conmigo. ¡Atrévete! Date una oportunidad y verás que terminarás queriéndome.

—Ay, Esteban, ¿qué te puedo decir? Yo quisiera ser como tú y corresponderte de la misma manera, porque te mereces que te quieran.

—Inténtalo. Poco a poco y verás que lo vas a lograr.

—Veremos a ver qué nos tiene el destino guardado a nosotros.

—¿No te gusto como pareja?

—No es eso. Tú eres un hombre maravilloso. Soy yo, que todavía guardo ese temor de enamorarme y formar parte una pareja de nuevo.

—Desde que te estoy conociendo me he dado cuenta de ese temor que me hablas, pero tú tienes que sobreponerte a él para que seas feliz. La mejor forma o manera de eliminar el temor es enfrentándose a él. Hazlo y verás que lo puedes vencer y tratar de ser feliz.

—Como me gusta escucharte y hablar contigo, porque me das tanta tranquilidad y seguridad con lo que me dices.

—A veces, yo pienso que al hablar tanto contigo te canso o te aburro.

—Si fuera así, te lo decía y no te contestaba cuando me llamas o cuando chateamos. La conversación está lo más interesante y agradable, pero ya es tarde y voy a hacer varias cosas en la casa antes de acostarme. Además tu trago debe haberse acabado hace rato. Te dejo tiempo para que pidas otro. Buenas noches.

—Como siempre, un placer escuchar tu hermosa voz y disfruto mucho tu conversación. Adiós y buenas noches.

Al otro día, el sábado por la noche, Esteban se encontraba en el mismo negocio que frecuenta. Decide llamar a Raquel para saludarla y preguntarle algo muy importante.

—Hola preciosa, ¿cómo te encuentras esta noche?

—Un poco cansada. He estado casi todo el día trabajando en la casa y ahora tengo una película que voy a ver con mi hijo.

—¿Estás más tranquila con la situación de tu hija?

—Como siempre, he hablado con ella. De nuevo le dije las cosas como deben ser y que va tener que hacer las cosas por sí sola, porque no voy a interferir en sus asuntos.

—Esa es la posición que debes asumir ante su actitud y verás que, a la larga, ella va a recapacitar.

—Si no lo hace, va a ser su problema, porque ya le dije que de ahora en adelante me voy a preocupar más por mí.

—Qué bueno que asumas esa actitud. Y sabes que estoy contigo en todo lo que me necesites.

—Lo sé. Tú eres como un ángel guardián, que está conmigo todo el tiempo, y te lo agradezco infinitamente.

—Te diré que se me está ocurriendo una nueva locura y que, a lo mejor, lo haga pronto.

—¿Qué tienes en mente hacer?

—Ir de nuevo un fin de semana a visitarte y verte. Lo voy a planear y, si tú estás de acuerdo, hago el viaje.

—¿Sabes que yo estuve pensando lo mismo pero a la inversa?

—¿Qué pensaste?

—Irme un fin de semana largo para Puerto Rico, pero que mi familia no sepa que estoy allá, para ir a los lugares que tú me invitaste.

—Sería formidable ¿para cuándo lo estás planeando?

—Posiblemente el fin de semana del Día del Trabajo, que tengo el lunes libre en mi trabajo. ¿El apartamento del que tú me hablaste estará disponible?

—Yo voy a hablar con mi amigo y te informo otro día. Pero me has dado una noticia maravillosa porque te podré ver dentro de un mes más o menos.

—Hablamos después, porque voy a ver la película que te dije. Que tengas buenas noches.

—Te estaré llamando para informarte. Buenas noches.

Esteban estaba tan contento que se quedó un buen rato en el negocio hablando con unos compañeros y disfrutando de la música que tocaban en el lugar.

Esa noticia que le dio Raquel era especial. Venir un fin de semana a Puerto Rico y pasar esos días juntos. Ya estaba pensando en a qué lugares llevarla. Sería lo mismo que él hizo cuando había ido a visitarla allá donde ella vivía.

Como siempre, su mente caminaba muy rápido y pensaba que, si ella venía para estar con él un fin de semana, era porque sentía por él algo más que una amistad.

Parecía que ella iba a poner en práctica lo que le había dicho de que de ahora en adelante iba a ser una mujer nueva y a pensar más en ella, o quizás pensar en los dos.

Esteban sentía impaciencia porque llegara el lunes, porque se podía comunicar más a menudo con ella durante la semana. Él la iba a llamar esa tarde, para que le informara si de verdad pensaba darse ese viaje.

Si lo de viajar un fin de semana a Puerto Rico lo había dicho por decir o si sólo era una idea, Esteban se sentiría muy mal, porque ya él había hecho muchos planes imaginarios con ese viaje.

Pensaba en verla de nuevo en tan poco tiempo y en todas las cosas que harían durante esos días. Viajarían por diferentes lugares de la isla. La llevaría a la playa. Saldrían a comer y luego ir a bailar. En fin, harían muchas cosas para agradarla a ella.

No le importaría si lo veían con ella, independientemente de su situación de hombre casado. Cada día, él sentía que su matrimonio no tenía remedio y que no valía la pena seguir juntos, porque no sentía ninguna felicidad al lado de su esposa.

Tampoco Raquel sería la culpable de ese cambio que había habido en Esteban, porque hacía muchos años que su matrimonio no funcionaba y mayormente se debía a la indiferencia de su esposa con él.

Él se sentía como un hombre que no significaba nada en su casa ni para su esposa, porque ella nunca había tenido un gesto de amor o de cariño hacia él. Sí, era una buena esposa, seria y responsable, una mujer de su casa y buena madre. Sin embargo, nunca le ha dicho que lo quería ni le había dado un beso que saliera de ella. Tampoco siquiera le había reconocido los logros que había tenido. Tanto era así que llevaban varios años sin tener relaciones íntimas y dormían en cuartos separados.

Todo eso se había ido acumulando por muchos años y Esteban sentía que no valía la pena seguir con el matrimonio por puras apariencias. Esta nueva relación con Raquel, aunque sólo fueran amigos le había dado un nuevo motivo para amar y luchar por ser feliz.

El lunes llamó por teléfono a Raquel con el propósito de verificar lo del viaje que estaba contemplando hacer a Puerto Rico. Marcó como de costumbre el número, con el temor de que le saliera la grabadora.

—Hola, buenas tardes.

—Soy yo, Esteban. Me imagino que te sientes un poco cansada acabando de salir de tu trabajo.

—Tienes razón, pero mayormente el cansancio es físico.

—Raquel, te llamo porque quiero saber si vas a venir esos días a Puerto Rico.

—El día específico en que iré no lo sé todavía, porque tengo que hacer varios arreglos, especialmente el de con quién dejar cuidando a mi hijo. Pero si no puedo ir ese día, voy otro. Te lo aseguro.

—Tú eres la que decide estoy preparándome para cuando vengas y atenderte como tú te mereces.

—Todavía es muy temprano para hacer planes.

—A mí, me gusta planificar las cosas con tiempo para que salgan como las he planificado. Otra cosa, tengo que tener la seguridad para notificárselo al amigo que me va a prestar su apartamento.

—Yo te dejo saber, por lo menos, con dos semanas de anticipación, porque ya sabré el día exacto en que puedo ir.

—Espero por ti y lo que decidas eso haremos. ¿Y tu mamá te fue a visitar?

—Ayer, por fin vino y se quedó en mi casa, pero la noto un poco indiferente. Después la llevé a comer.

—¿Qué te dijo de la casa?

—No me ha comentado nada.

—A lo mejor es que es un poco orgullosa y no quiere admitir que su hija ha podido triunfar sola.

—No sé. Aunque yo no estoy acostumbrada a que me halaguen, no me extraña si no dice nada.

—-Eso era antes. Porque desde que yo estoy hablando contigo, he reconocido eso en ti y te lo digo a cada rato, porque a los seres humanos hay que dejarles saber las cosas buenas que hacen para que sigan triunfando.

—Por eso, tú eres especial, porque siempre me estás halagando y eres el único que lo ha hecho.

—¿No me digas que no te gustan mis halagos?

—Cuando vienen de ti, me gustan mucho, porque sé que son sinceros y te los agradezco.

—Sabes que soy tu eterno admirador y te halago porque te lo mereces y te lo has ganado.

—Esteban, estoy llegando a una estación de gasolina para llenar el tanque y aquí la ley exige que apague el celular cuando se está echando gasolina. Así que te hablo en otro momento o chateamos un rato a la noche. Que pases buenas tardes.

—Está bien hablamos más tarde. Adiós.

Esteban sentía cierta preocupación por las fechas en que Raquel pensaba venir a Puerto Rico. El mes de septiembre en Puerto Rico era el más propenso a que ocurrieran los fenómenos naturales: las tormentas, los huracanes, las ondas tropicales y otros.

Quizás le sugeriría que lo pospusiera para el mes de octubre, que era menos propenso a esos fenómenos naturales. Como era el clima en Puerto Rico, que llovía a cada momento, no importaba si era verano. Se podían dañar las vacaciones por culpa del clima.

Ella debía tomar la decisión de lo que iba a hacer y venir cuando lo estimara prudente. A él, lo que le interesaba era que viniera, porque ya había pasado un mes desde que había estado con ella y le hacía una falta enorme.

Esteban se había mentalizado luego de su regreso para volver a verla el verano siguiente. La idea de venir a Puerto Rico por un fin de semana había salido de ella y esto lo tenía muy entusiasmado. Tanto era así que, mientras había estado comprando unas cosas que necesitaba para uso personal, aprovechó y compró ropa para esos días.

Esperaría esa noche para comunicarse con ella y verificar cómo iban los planes con el viaje, aunque le había manifestado que todavía era muy prematuro para decidir la fecha exacta del viaje.

Por la noche, no pudo comunicarse. Tenía la necesidad de hablar con ella y verificar si había recibido los CD que le había enviado con una canción que le había dedicado y que le hecho grabar por una de las voces más prestigiosa de tríos de Puerto Rico.

Por la mañana como él sabe más o menos a la hora que Raquel sale para su trabajo, decidió llamarla.

—Buenos días.

—Buenos días, mi reina. ¿Cómo te encuentras hoy?

—Muy bien, gracias. ¿Y tú?

—Bastante bien. Nena, te estoy llamando porque me preocupa lo de los CD, que no te han llegado. Hace siete días que te los envié y casi siempre, cuando te envío algo, lo recibes a los tres días.

—Eso es cierto, porque el último paquete que recibí de ti se tardó eso.

—Cuándo tú no estás en tu casa ¿quién recibe la correspondencia?

—Solamente yo. Soy la única que tiene la llave del apartado.

—Eso está bien raro, que se haya tardado tantos días. A lo mejor es que no quiere que la escuches.

—Ja, ja, ja. Quizás.

—Raquel, ¿cómo va lo del viaje?

—Todavía no he planificado nada.

—Te iba a sugerir que lo dejaras para octubre porque septiembre es el mes más peligroso de tormentas y huracanes en Puerto Rico. Y va y llegas y el clima no te deja disfrutar esos días.

—¿No tienes deseos de verme pronto?

—Tú sabes que sí, pero prefiero sacrificarme un mes más sin verte y que podamos disfrutar esos días para que te relajes y botes el estrés.

—Sí. Y para cambiar de ambiente. Porque siempre estoy dando vueltas en la misma área y me hace falta ver los paisajes de mi bella isla.

—Te voy a llevar a diferentes lugares para que te los disfrutes y te recargues de energías.

—Lo dejaré para octubre y te dejaré saber, aunque entonces voy a ir viernes y regresar lunes.

—Muy bien. Esperaré con paciencia a que llegue ese día para verte de nuevo. Luego yo te voy a visitar un fin de semana en enero.

—Muy bien. Está chévere.

—¿Vas a pedir tus vacaciones del trabajo para verano?

—Hasta ahora eso es lo que pienso hacer mientras no surja algo imprevisto.

—Bien. Para que pasemos unas vacaciones inolvidables en verano.

—Eso espero porque me hacen falta. Esteban, estoy llegando a mi trabajo, así que seguimos hablando después.

—Está bien, pero recuerda que yo soy fácil de complacer. No exijo mucho. Una llamada tuya de vez en cuando o chatear un rato por las noches cuando se pueda para saber de ti.

—Ok. Ya lo sé que tú no exiges mucho y eso es fácil de hacer. Buen día.

—Adiós. Y cuídate mucho, por favor. Bye.

Por lo menos, Esteban tiene la casi seguridad de que Raquel va a venir en octubre si no surge algo imprevisto. Ahí podrá él verificar qué sucederá con la relación que tiene con ella.

Si comparten todo mutuamente, inclusive los momentos íntimos, pues debe haber más que una amistad. Porque, cuando se llega a eso entre un hombre y una mujer que se han ido tratando por un largo tiempo, tiene que haber un tipo de cariño que sea más que una simple amistad.

Por eso, desde ahora, pensaba en ese momento e iba a ir contando los días hasta que llegara el momento esperado y pudiera verificar si ella lo quería, aunque sea un poquito. Y si lo quería como hombre, y no sólo como amigo.

Esa noche, se conectó a FaceBook, pero ella no estaba conectada. Esperó un rato y ella apareció en la pantalla de su computadora. De inmediato, inició la conversación.

—Buenas noches.

—Buenas noches. ¿Cómo estás?

—Bien juquiáo1[*] con el chateo contigo. Estoy tan acostumbrado que me desespero cuando no puedo chatear contigo.

—Tú también me estás malcriando en muchas cosas.

—A mí me gusta malcriarte, y que te sientas bien y feliz.

—Gracias Esteban eres tan amable.

---

1 [*] Se dice de una persona cuando está casi todo el tiempo haciendo la misma cosa.

—¿Ya cenaste?

—Preparé un arroz con pollo. Me quedó muy rico.

—¿Tú tienes que venir del trabajo a cocinar?

—Tengo que hacerlo. Recuerda que tengo familia. Después limpié el patio.

—Cada día me sorprendes más eres una mujer increíble. ¿Y el chico y la chica no te ayudan?

—Muy poco. Además, yo estoy acostumbrada a hacerlo.

—Como siempre, haciendo las cosas tú sola.

—Es que me gusta que las cosas queden bien. Por eso, las hago yo misma.

—Mi amor, pero te vas a explotar. Por eso ya a las nueve de la noche estás cansada y el sueño te vence.

—Eso es verdad. Pero, como te dije, ya estoy acostumbrada. Bueno, mi corazón, me voy a dar una ducha y para la cama, que mañana hay que trabajar. Buenas noches.

—¿Sabes que es la primera vez que me dices 'mi corazón'? Se te oye tan bonito cuando me dices esa palabra que me haces inmensamente feliz. Te he dicho anteriormente que a mí me complaces con tan poco. Y una palabra como esa ''corazón'' que no cuesta nada decirla me encantó que me la dijeras... ¡Gracias! Y que tengas buenas noches también. Chao.

Después de desconectarse, Esteban estaba tan feliz porque Raquel se hubiera despedido llamándole 'corazón'. Eso no era muy común en ella y a lo mejor se le había pegado de Esteban, que a cada rato la llamaba corazón.

Pero lo dijo y quizás de entonces en adelante usaría otras palabras dulces con él.

Al día siguiente, le escribió el mensaje de costumbre pero esta vez enfatizándole lo bien que se sintió cuando ella le llamó 'corazón' al despedirse por la noche. Le dijo:

''Quizás para ti, decir esa frase, no signifique mucho, pero para mí tiene un valor incalculable, porque nadie me la había dicho. Y al venir de ti para mí es muy importante''.

"Por esa razón es que yo te digo a cada rato 'mi amor', 'mi corazón', 'mi vida', 'mami chula', porque cualquier ser humano que escuche esas frases de cariño se debe sentir bien al escucharlas.

No pretendo con eso que tú me las digas a mí, si no las sientes, pero, si la de anoche te salió de tu corazón decirla, muchas gracias, porque me sentí muy bien escucharla de ti.

Eso me demuestra que, poco a poco, tú estás dejando salir tus sentimientos y emociones, que sólo expresas a tus seres queridos. Sé que no es fácil para ti expresar tus sentimientos y emociones, porque nunca nadie te las decía.

"Sufriste maltrato y vejámenes de una persona que no sé como se le pudo llamar tu esposo, porque lo que hizo fue humillarte y no te valorizó como mujer.

"Pero tengo la esperanza de que algún día puedas expresar tu sentimientos y emociones libremente y sin temor para que seas feliz. Ojalá sea yo el afortunado de escucharlas de tus labios.

El viernes y sábado no hubo ninguna comunicación entre ellos, aunque Esteban llamó dos veces la noche del viernes. Como siempre, salió la grabación.

El domingo, como a las tres de la tarde, él decidió llamarla ya que le había enviado los mensajes mañaneros y tampoco se los había contestado.

Como de costumbre, marcó el número de ella y, lo mismo de siempre, le salió la jodía grabación pidiendo que dejara mensaje.

Ya él se sentía un poco mal por esa situación, de llamar y que casi siempre le saliera la grabación. Por un momento, pensaba que ella no quería contestar sus mensajes, porque ¿para qué tenía un teléfono celular si casi nunca le respondía?

A veces, pensaba eso porque recordaba que, cuando él fue a visitarla y mientras iban a cualquier lado o inclusive cuando iba con ella en el carro, cuando sonaba el teléfono, ella siempre lo escuchaba y lo contestaba rápidamente. Entonces, por qué a él no le contestaba la inmensa mayoría de las llamadas que le hacía.

Había pasado como unos veinte minutos cuando el teléfono de Esteban sonó. Era Raquel devolviéndole la llamada.

—Hola. Buenas tardes—contestó Esteban.

—Hola Esteban. ¿Cómo estás? No te había llamado porque he estado con mi familia. Ahora mismo, estoy con mi mamá en una tienda, donde se está comprando un traje. Salí un momento fuera de la tienda para llamarte.

—Te llamé para saber de ti, ya que tú no me llamas ni contestas los mensajes que te dejo.

—Tú sabes que estoy muy ocupada atendiendo a mi mamá.

—Yo entiendo, pero una llamadita para preguntar por uno no toma tanto tiempo. Pero si no sale de ti o no tienes el deseo, pues no te puedo obligar a hacerlo.

—Tú sabes que yo te he dicho que hago las cosas cuando tengo el deseo de hacerlas. No obligada.

—Ya lo sé, lo he notado. Y tampoco quiero que lo hagas por obligación. Si no tienes el deseo de llamarme y hablar conmigo no lo hagas. Además, entiendo que tú no tienes ningún compromiso conmigo, pero, como te he expresado antes en otras conversaciones, a mí me gusta saber de ti y hablar contigo porque ya se me ha hecho una costumbre.

—Los CD que me enviaste no han llegado. Creo que se perdieron. Y lo que pensaste de mi mamá estuvo muy mal, porque ella no es así y no hace esas cosas como las que tú me comentaste.

—Te dije que te hice ese comentario porque de momento se me vino a la mente. Te pedí excusas tres veces en el mensaje que te envié, y de nuevo perdóname si fallé al hacerte ese comentario de tu mamá. Acepto el regaño que me acabas de dar.

—Pero uno no todo el tiempo puede decir lo que piensa es mejor quedarse callado.

—Otro regaño más por una tontería que pensé y que, como te tengo tanta confianza, te dije. Si hubiera sabido que ibas a reaccionar así, no lo hubiese hecho.

—No lo cojas como un regaño. Simplemente te hago el comentario porque no me gustó.

—Bueno, sé que estás muy ocupada con tu mamá. Gracias por haber llamado y hablamos en otra ocasión. Que tengas buenas tardes. Mañana pienso enviarte otro CD con la canción y espero que esta vez te lleguen. Que pases buenas tardes.

—Lo mismo para ti y nos comunicamos después.

Luego de finalizar la conversación telefónica, Esteban pensaba que ella no sentía nada por él. Por esa razón era que no le importaba mucho llamarlo y saber de él, diferente a él, que casi todo el tiempo pensaba en ella.

Cada día se convencía de que su relación con Raquel no iba a pasar de una simple amistad. Ella siempre se lo había manifestado así. Por esa parte, siempre había sido honesta con él.

Como había planificado venir en octubre a Puerto Rico en un viaje de placer por tres días, después de esa visita de ella y de saber lo que sucediera entre ellos, él tomaría una decisión sobre su relación con Raquel.

Esteban se encontraba molesto porque había hecho un comentario a Raquel con relación a un CD que le había enviado, e interpretó que ella lo había regañado por el comentario dirigido a su mamá.

Además, le había comentado a ella que no le contestaba las llamadas ni los mensajes que le enviaba. Al otro día, ella habló con él.

—Esteban tú sabes que los fines de semana yo tengo muchas cosas que hacer y no me conecto mucho a la computadora. Tampoco te devuelvo las llamadas porque a veces estoy ocupada y no puedo estar hablando mucho tiempo. Lo del comentario aunque estuvo muy mal de tu parte ya te disculpaste y no hay problema.

—Raquel, sé que tú estás muy ocupada los fines de semana y yo no pretendo que me atiendas a mí mientras tienes otras obligaciones más importantes. En honor a la verdad, muy rara vez hemos chateado los fines de semana y cuando te llamo siempre lo hago en una hora en que tú puedas atenderme o cuando sales del trabajo o por la mañana antes de entrar al trabajo. Pero no puedo exigirte que me atiendas porque eso tiene que salir de ti. Si tienes el deseo de hacerlo, lo haces, y si no lo tienes, no lo hagas.

—Está muy bien vamos a olvidarnos de ese asunto porque no quiero que estés molesto. Es mejor estar en paz.

—Te digo que no estoy molesto contigo, sino conmigo mismo por lo del dichoso CD.

—Vamos a hablar de otra cosa. Hablé con mi hija y le hice un ultimátum. Si no decide hacer nada con su vida y lo que quiere es estar con sus amigos, le dije que el próximo mes, con dolor en mi alma, se tiene que ir de la casa.

—No me digas eso ¿Como tú te sientes?

—Imagínate. Muy mal. Pero lo tengo que hacer porque ella no reacciona. Hasta la botaron del trabajo que tenía y no sé ni por qué fue.

—Caramba. Lo lamento por ti, porque sé lo sacrificada que eres con ellos y que ella te dé esos malos ratos.

—Ya me cansé Esteban. No aguanto más esa situación de mi hija.

—Pero ten cuidado que esa situación te puede provocar algún quebranto de salud.

—Eso le he dicho a ella. Si a mí me pasa algo, ellos tienen que encaminar sus vidas.

—Me gustaría estar a tu lado para apoyarte. Sabes que conmigo puedes contar para lo que sea.

—Lo sé y muchas gracias. Siempre estás a mi lado. Bueno, te dejo porque estoy llegando a mi casa.

—Sólo te pido que lo cojas suave y que esa situación no te valla afectar tu salud. Buenas tardes.

Esteban estaba preocupado por la situación que le estaba pasando a Raquel con su hija. Él sabía que ella se había sacrificado mucho por ella y que trataba de darle lo mejor para que estuviera bien.

La chica, aunque era mayor de edad, parecía que era un poco inmadura y no hacía nada por encaminar su vida. Esa situación había llegado a tal punto que Raquel se había cansado y tomó la decisión de que la joven tenía que irse de la casa si no cambiaba su actitud.

Durante esos días, Esteban estaba pendiente del cumpleaños de Raquel que sería la semana siguiente. Como a él le gustaba sorprenderla, ya tenía en mente qué haría para regalarle algo ese día.

Si bien, por ser el primer cumpleaños de ella desde que estaban de amigos, le hubiera gustado estar a su lado, al no poder, ya tenía planificado hacerle llegar un ramo de hermosas flores que se las llevarían a su lugar de trabajo el día mismo del cumpleaños.

Además, ese día por la mañana, pensaba llamarla y cantarle feliz cumpleaños, aunque fuera por teléfono. También le había grabado un CD con un mensaje de él para que lo escuchara ese día. Pensaba enviarle una postal con un pequeño obsequio monetario para que ella se comprara un regalo a nombre de él.

Ya habían establecido la costumbre de chatear un rato por las tardes, ella desde su trabajo, aunque la conversación no fluía con la frecuencia de cuando lo hacían de noche. Al conectarse, vio que ella ya estaba conectada y de inmediato procedió a saludarla.

—Hola preciosa. ¿Te puedo molestar un rato? Sé que estás ocupada.

—No es molestia. Siempre es un placer hablar contigo.

—Con relación a lo que hablamos anoche del pasaporte, creo que debes cambiar ya ese apellido que llevas de casada.

—Es que como lo llevo desde hace tantos años, todos mis documentos están con ese apellido. Además, vale mucho dinero hacer el cambio.

—¿No te gusta ya tu nombre original? Tan bonito que se escucha con el apellido.

—Mi nombre me encanta. Pero mis hijos me pidieron que mantuviera ese apellido ya que ellos lo llevan.

—Pero tus hijos ya son grandes y, si tú quieres olvidar todos los vejámenes que cometió tu ex esposo contigo, tienes que empezar eliminando el apellido de tu nombre. Si no, vivirás con ese karma toda la vida.

—Tienes razón en lo que me dices. Voy a esperar qué me dicen los del pasaporte y veré lo que haré.

—Cuéntame ¿cómo van las cosas con tu hija?

—Siguen igual, ella es muy terca y no reacciona a lo que le he dicho. Ya estoy cansada de decirle de mil maneras lo que debe hacer y ella ni se inmuta.

—Pero debes seguir hablando con ella y verás que va a reaccionar.

—A ella no le gusta que uno le esté diciendo lo mismo, pero es que no reacciona. Se lo dije, que haga lo que le dé la gana con su vida, pero ya sabe lo que tiene que hacer.

—O sea, que tiene que irse de tu casa.

—Sí, si no reacciona y busca encaminar su vida, pues que se vaya con sus amigos, que es lo que más le gusta a ella. Por favor, Esteban, sé que tú lo haces con las mejores intenciones y te preocupas por ella, pero no quiero hablar más del tema porque me siento mal.

—Está muy bien. No tocaré más el tema a menos que tú lo pongas en la conversación.

—Muchas gracias. Eres muy amable.

—Vamos a hablar de cosas más bonitas.

—¿Cómo qué?

—De ti, de tu sonrisa, de tu belleza de todas esas cosas lindas que tú tienes.

—Siempre tan lindo conmigo. Gracias.

—Por ejemplo, de ese último retrato que pusiste en FaceBook. Pareces una muñeca debajo de la nieve. ¿De dónde lo sacaste que no lo había visto antes?

—Una muñeca que va a cumplir muchos años.

—No tantos. Si todavía pareces una modelo. No sé por qué tú no fuiste modelo, porque tienes el carisma para eso y eres muy fotogénica.

—Ay, gracias. Siempre diciéndome piropos agradables.

De momento la comunicación entre ellos se descontinuó, porque la computadora de ella se desconectaba continuamente. Él decidió desconectarse y más tarde la llamaría para explicarle o le informaría por la noche al chatear de nuevo.

Más tarde, ya entrada la noche, volvieron a chatear.

—Hola, Raquel. Me desconecté esta tarde porque noté que tu computadora tenía problemas y a cada rato se desconectaba.

— Noté ese fallo en la computadora. Además, estaba lenta.

—Además, en ese preciso momento, me llamó un amigo desde Nueva York. Quiere que el próximo sábado nos reunamos el grupo de amigos para hablar un rato y a la vez celebrar su cumpleaños. Dicen que vienen grandes personalidades del país y de afuera.

—¡Qué bueno! Eso está muy bien, que los amigos de la adolescencia se reúnan a recordar cosas.

—Espero que pasemos una buena velada y recordar cosas de nuestra juventud.

—No te había comentado que llegó el famoso CD. Muchas gracias. Quedó precioso. Muy bueno.

—¡En serio que te gustó! Por lo menos algo bueno, porque ya ese CD me tenía de mal humor por el chisme que se formó con el comentario que hice de tu mamá.

—Me gustaron las dos partes. La parte tuya declamando con esa voz varonil que tienes y la parte cantada por tu amigo el músico. Quedó preciosa. La verdad que esa canción que me escribiste está espectacular.

—La hice con mucho cariño y pensando en ti. Por eso quedo de show.

—Gracias por tus atenciones hacia mí. Ya tengo el retrato de cumpleaños, el retrato de la canción, el CD del poema y la canción. Qué muchas cosas bonitas me has obsequiado. Yo no me merezco tantos detalles.

—No digas eso. Tú te mereces esas cosas y muchas más. Y todavía quedan algunas sorpresas que vienen en camino.

—¡Wow! Más sorpresas. Tú eres increíble y sabes como agradar a una mujer.

—A una mujer especial como eres tú y que significas mucho en mi vida.

—¿Tanto significo en tu vida?

—No tienes idea de lo importante que eres para mí y por eso te quiero tanto.

—Como me gustaría corresponderte con el mismo cariño que tú me brindas, pero todavía te sigo viendo como un buen amigo.

—Tengo la esperanza de que algún día no muy lejano me veas con otros ojos y me quieras como hombre.

—Bueno dejemos eso al tiempo o al destino, pero desde lo más profundo de mi corazón, me gustaría que fuera así porque he descubierto el gran ser humano que eres.

—Muchas gracias. Me das de nuevo una esperanza.

—Esteban, ¿te dije que empecé a caminar por las tardes con mi hijo? Caminamos más de media hora.

—Muy bien. Te felicito porque eso es muy bueno para la salud y además te mantienes en forma.

—Por eso es que algunas noches no he podido chatear, porque me conecto tarde y ya tú no estás conectado.

—Había notado eso. De ahora en adelante, me desconectaré más tarde para esperar por ti. Aunque chateemos algunas veces por la tarde desde tu trabajo, no es igual, porque te demoras mucho en contestar y cuando me contestas usas muchos monosílabos.

—Me despido por esta noche. Me voy a dar un baño y para la cama que ahora con la caminata me siento más cansada. Que pases buenas noches.

—Buenas noches para ti también y que descanses mucho.

Esteban se pasaba pensando en Raquel y en qué forma podría lograr que ella se enamorara de él. Ha tenido muchos detalles con ella y le habla muy bonito, pero no ha logrado que ella le exprese algún sentimiento de cariño o amor. Sólo sentimientos de gratitud.

Muchas veces piensa en qué terminará esa relación porque, aunque se tratan como amigos, él no soportaría que ella consiguiera una pareja que no fuera él. Si eso sucede, no podría tratarla más y se retiraría, ya que él tiene la esperanza de conquistarla.

Aunque es libre de buscar a quien ella quiera y él lo entiende así, él no podría seguir relacionándose con ella, porque no podría tratarla como la trata ahora y decirle las cosas bonitas que le dice.

Sólo el tiempo dirá qué pasará con esa relación que se ha convertido en parte importante de su vida. Por eso no quería pensar que suceda otra cosa, porque sería muy duro para él. Comunicarse con ella a diario es parte esencial de su vida.

Llegó el fin de semana, cuando la comunicación entre ellos disminuía por varias razones. Por eso esperaba con ansias a que llegara el lunes, porque durante esos días de la semana se comunicaba con ella hasta tres veces al día.

Siempre tenía la esperanza de que ella, en algún momento del fin de semana, lo llamara. Pero era sólo esperanza porque nunca ocurría. Él era el que llamaba y casi siempre lo que salía era la grabación pidiendo que dejara mensaje. Por esa razón, a veces se cohibía de llamarla, porque ya no soportaba que le contestara la grabadora.

Esteban se estaba sintiendo un poco frustrado con la actitud de Raquel. Creía estar dándose cuenta de que él no significaba nada para ella. A veces, él esperaba aunque fuera una cosa tan simple como en enviarle un email o hacerle una llamada, aunque sólo fuera para decirle que estaba bien.

Ni esas cosas tan simples hacía ella a menos que él se lo señalara en varias ocasiones. Pensaba Esteban que Raquel era como su esposa en su forma de actuar, que no se interesaba por nada de lo de él. Aunque no era la obligación de ella hacerlo, por lo menos si tenían esa relación de amistad y sabiendo como él se desvivía por ella, lo menos que esperaba de ella era que le demostrara aunque fuera un poquito de interés por saber de él.

Esteban no esperaba que Raquel le dijera que lo quería y lo amaba, porque sabía que ella no sentía eso por él. Pero si esperaba que por lo menos le demostrara que se acordaba de él de vez en cuando y que se preocupaba un poco por él.

De repente, volvía y pensaba qué pasaría con la relación, porque se estaba cansando de la actitud de Raquel. Pensaba que no valía la pena que él estuviera preocupándose tanto por ella cuando ella no demostraba ninguna preocupación por él.

Ya el lunes, como siempre, Esteban le envió su mensaje acostumbrado, resaltando sus cualidades como mujer. También le dijo que era una pena que ella no sintiera nada por él, aunque fuera un poquito de cariño.

Esta vez ella le contestó temprano el mensaje diciéndole lo mismo de siempre y expresándole, además, que ella lamentaba no sentir nada más por él, sólo una amistad.

Esa sinceridad de ella, a veces le molestaba a Esteban porque pensaba que debería ser un poquito más diplomática y no ser tan directa en sus comentarios. Nunca dentro de sus expresiones había habido una frase de cariño para él, sólo alguna que otra expresión de gratitud.

A veces, se preguntaba cómo una mujer podía ser tan dura con la expresión de sus sentimientos. Aún si no le decía que le amaba o le quería, podía ser más sutil o usar una que otra frase menos hiriente.

Él pensaba que cualquier mujer que recibiera las atenciones, detalles y tantas frases bonitas que él le daba a diario a Raquel se enamoraba. Jamás había conocido a una mujer tan difícil de enamorar como ella.

También pensaba que a lo mejor ella tenía un amor oculto y no se lo quería decir, o que él no le gustaba como hombre. Esto le daba vueltas en la cabeza porque se argumentaba, si eso era así, ¿por qué ella se le habría entregado aquel domingo de su partida? Entonces, se contestaba que sería por complacerlo a él, porque no regresara frustrado a Puerto Rico por no haberla tenido a ella.

Llegó el día del cumpleaños de Raquel. Esteban había esperado ese día con ansias, porque quería tener ciertos detalles con ella de manera que nunca olvidara esa celebración de su día de su cumpleaños. Lo primero que hizo fue llamarla por la mañana, a las siete y cuarenta y cinco de la mañana.

—Hola, buenos días.

—Cumpleaños feliz, cumpleaños feliz, cumpleaños Raquel, cumpleaños feliz—le cantó Esteban.

—Muchas gracias. Que bonita sorpresa. Me gustó mucho.

—Quería ser el primero en felicitarte y desearte que pases un día maravilloso, y que el Señor te colme de bendiciones.

—Gracias. Tú tan amable siempre conmigo.

—Gracias por haberme llamado anoche. Me alegró mucho escuchar tu voz después de varios días.

—Es que ayer estuve todo el día ocupada. Lo tomé libre de mi trabajo porque tenía que ir a la escuela de Jaime. Luego tuve que llevar a mi prima a comprar un carro. Cuando me di cuenta, era tardísimo y te llamé a esa hora para saber de ti, porque no quiero que pienses mal, que no quiero llamarte. Es que a veces estoy muy ocupada, especialmente este fin de semana que estuve con mi mamá, ya que se iba el domingo para Puerto Rico.

—Como me he acostumbrado tanto a hablar y chatear contigo casi a diario, cuando pasan varios días, te extraño mucho.

—Esteban, ya estoy llegando a mi trabajo. Nuevamente, gracias por cantarme el cumpleaños. Nos comunicamos más tarde.

Ella no sabía que Esteban le tenía otras sorpresas y una de ellas era un ramo de flores que le había enviado a su oficina. Cuánto daría por estar a su lado en el momento en que recibiera las flores para ver el gesto de ella.

Esperó hasta las once y treinta de la mañana para conectarse de nuevo a la computadora y verificar si ella había recibido las flores que él le envió.

De momento, vio dos email de Raquel. El primero era agradeciéndole el detalle tan bonito que tuvo con ella por la mañana. El segundo, que se lo envió una hora más tarde, era uno lleno de alegría y felicidad por el detalle de las flores.

''Mi queridísimo Esteban, jamás me imaginé que tuvieras un detalle tan hermoso como el de las flores. Están preciosas y me hiciste sentir que soy importante y querida. Gracias''.

Él le contestó el email.

''Raquel, yo te dije que quería que tú cumpleaños fuera inolvidable y veo que ese detalle de las flores te gustó mucho. Me hace muy feliz, porque siempre te he dicho que me gusta verte feliz. Espera a que llegue otra sorpresa que te envié y espero que te guste como las dos anteriores y que hagan de tu cumpleaños uno muy especial''.

La alegría de ella era tanta y estaba tan agradecida con Esteban que, aunque ella nunca lo llamaba en su hora de almuerzo, lo llamó esta vez.

—Esteban, quería agradecerte personalmente el arreglo floral que me enviaste. Está precioso. Me hiciste sentir tan feliz en este día. Tú eres un hombre bien especial. Gracias por tan lindo detalle.

—Me siento tan feliz como tú, porque te gustó mi detalle y lo hice con tanto cariño, para que nunca te olvides este cumpleaños.

—Te lo aseguro. Siempre recordaré este día y lo llevaré siempre en mi corazón.

Como era la hora de ella almorzar, hablaron un ratito más y se despidieron para luego chatear por la noche. En el tiempo que Esteban llevaba compartiendo con Raquel, nunca la había notado tan contenta y expresiva como hoy. Se sintió muy contento porque las ideas de cómo agradarla a ella en su cumpleaños, todas, habían sido un éxito.

Al otro día, Esteban chateó un rato con ella por la tarde y ella le comentó lo feliz que había pasado su cumpleaños con sus hijos y con los lindos detalles que él había tenido con ella. Hablaron por un rato prolongado y después se despidieron con la idea de que hablarían un rato más por la noche.

Eran pasadas las siete y media de la noche cuando Esteban recibió una llamada de Raquel.

—Hola, buenas noches—contestó el teléfono él.

—Buenas noches, Esteban. Te llamo porque estoy muy contenta y llena de alegría.

—Que bueno. ¿No me digas que sigues celebrando tu cumpleaños?

—Para mí, aunque ayer fue mi cumpleaños, la noticia que recibí de mi hija Pamela es el mejor regalo. Te había comentado mi situación con ella por no darle dirección a su vida.

—Sí, me habías comentado algo. Inclusive le habías dicho que, si no hacía nada por darle sentido a su vida, tenía que irse de tu casa y esa situación te estaba preocupando mucho.

—Eso es correcto. Pues, hoy me sorprendió y me dijo que había pensado lo que le decía y que decidió matricularse en la universidad para seguir estudiando. Tiene que ir esta tarde porque, como lo dejó para lo último, a lo mejor no consiga la beca disponible, y si es así, no podrá estudiar.

—Ten mucha fe, siempre te decía, que Dios oye los ruegos. Y yo le estaba pidiendo para que ella recapacitara y le diera dirección a su vida. Esa es una formidable noticia y me alegro mucho por ti.

—Muchas gracias a ti, que te preocupas por todos nosotros sin tener ninguna obligación.

—Es que yo he llegado a quererlos mucho a todos ustedes.

—Aunque le dije a ella que, por haberse decidido tan tarde, a lo mejor no puede matricularse.

—Bueno, espera a ver lo que sucede. ¿Y ella dejó el trabajo que tenía?

—Sí, pero solicitó en otro sitio que es mejor y empieza a trabajar la semana que viene.

—Esa también es una buena noticia porque tú no puedes sufragarle todos sus gastos.

—Bueno, Esteban, te llamaba para eso. Y muchas gracias por lo bien que te portas con nosotros.

—Lo hago con mucho cariño y no tienes que agradecer nada. Buenas noches.

No habían pasado diez minutos cuando el teléfono de Esteban sonó, era Raquel llamándole de nuevo.

—Hola. ¿Qué sucedió que me llamas tan rápido?

—Te llamo para decirte que la aceptaron en la universidad y le dieron la beca para que estudie. Ahora sí estoy bien contenta, porque va a ir a estudiar y quizás defina su futuro.

—Te juro que esa noticia me pone tan contento como a ti, ya que ahora tú estarás más tranquila.

—Gracias a Dios y a ti, que siempre nos estás ayudando y dándonos ese apoyo que se necesita de vez en cuando, en momentos en que se está preocupado.

—Yo no he hecho nada, sólo pedirle al Señor que la ilumine y él nunca me falla.

—Bueno, Esteban, me despido de nuevo. Espero que no te moleste haberte llamado a esta hora.

—Sabes que me encanta que me llames, y para darme esa excelente noticia, más. Y, como siempre, a tus órdenes.

—Buenas noches. A lo mejor más tarde no me pueda conectar para chatear contigo porque estoy muy cansada y estoy llegando a mi casa ahora, que son ya las ocho de la noche.

—No hay problema, si me has llamado más de la cuenta. Que pases buenas noches.

Luego de finalizar la conversación con ella, Esteban miró al cielo y le agradeció al Señor por haber escuchado sus ruegos. Todos los días, la ponía en sus oraciones para que Pamela pudiera encaminar su vida y tuviera propósitos y metas que alcanzar.

Pasaron varios días y llegó el fin de semana. A Esteban, no le gustaba mucho porque no se comunicaba mucho con Raquel y los días se le hacían inmensamente largos. Ella aprovechaba esos días para hacer las tareas cotidianas de la casa que no podía hacer durante el resto de la semana. Otras veces, por la noche salía con sus amigas a distraerse un poco y no se conectaba mucho a FaceBook. Por lo tanto, no hablaban tanto como lo hacían de lunes a jueves.

Para Esteban, esa comunicación que tenía casi a diario con ella ya se había hecho parte de su vida diaria. Dialogar con ella era muy especial porque sentía una paz espiritual y mental, y se sentía muy bien.

Por eso, cuando llegaba el día lunes, se sentía bien alegre, porque podía chatear con ella a veces por el día y por la noche y mantenían un contacto continuo.

El lunes, le envió su acostumbrado mensaje y, como siempre, esperaba la repuesta de ella al mensaje, aunque muchas veces no se lo contestaba y eso, a veces, lo frustraba al no recibir contestación a su mensaje.

A veces, Esteban decidía no en enviarle más mensajes porque no se los contesta, pero tan pronto llegaba la mañana, ya la costumbre de escribirle el mensaje era más fuerte que no hacerlo.

Resultó que el lunes tampoco se pudo comunicar con ella, porque esa noche ella no se conectó a FaceBook. El martes por la mañana, Esteban decide llamarla para verificar lo que le está pasando.

—Hola buenos días—contestó ella.

—Buenos días, Raquel. Te llamo porque durante el fin de semana no he sabido de ti.

—Esteban, es que estos días he estado muy ocupada y casi no me conecto a la computadora.

—Pero tú tienes un teléfono y aunque sea una llamada puedes hacer, para saber de ti. Sabes que me preocupo por tu situación. Además, nosotros los fines de semana casi nunca chateamos.

—Lo sé. Te lo agradezco, pero a veces me envuelvo en lo que estoy haciendo y se me olvida. Por favor, perdóname.

—No hay ningún problema. Sé que tienes muchas cosas a la vez y te olvidas de tu amigo especial.

—No digas eso. Yo te recuerdo con mucho cariño, pero este fin de semana estuve bregando con todo lo relacionado a mi hijo Jaime, que empieza su escuela superior el lunes que viene, dejándole preparado todo lo que él necesita para la escuela.

—Ya tu hijo menor entra a la escuela superior. No tienes ya el bebé. Ahora es un hombre.

—Eso es así. Y espero que siga siendo el buen estudiante y deportista que es y no caiga en la dejadez de su hermana.

—¿Por qué dices eso?

—Tú sabes que te había comentado que mi hija Pamela empieza la universidad la semana que viene, pero sigue con la misma actitud y ya he tenido que hablarle fuerte.

—Yo que creía que tú estabas más tranquila porque ella decidió estudiar de nuevo, y que ya no tenías esa preocupación.

—Pero es que ella es media tremenda y no madura. Le pido a Dios que me la ilumine, porque si sigue con esa actitud que tiene no va a lograr nada.

—Raquel, tú eres una mujer luchadora y has logrado tus metas. No dejes que la situación de ella te afecte. Tú eres mucho más fuerte que ella y te vas a imponer.

—Yo sé lo que tengo que hacer y ya ella lo sabe. Así que creo que va a cambiar su actitud.

—Estoy de acuerdo contigo y mantén tu postura. Sé fuerte, pero justa con ella.

—Eso espero. Y que todo se arregle por el bien de todos.

—Con relación al fin de semana que piensas venir para Puerto Rico, ¿ya te decidiste?

—Todavía no me he puesto a pensar en eso, porque falta mucho tiempo.

—Te diré que, si te decides, te llevaré a uno de los mejores hoteles del país para que disfrutes y te saques el estrés diario que tienes.

—Eso suena bien bien. ¿A dónde me llevarías?

—¿Que te parece al mejor hotel de Puerto Rico, El Conquistador?

—¡Wow! Tremendo hotel.

—Una reina como tú se merece ir a un sitio así.

—Muchas gracias. Tú siempre tan galante conmigo. ¿Pero qué tú vas a hacer?

—¿A qué te refieres?

—¿Qué has dicho en tu casa?

—No te preocupes. Ya eso está planeado y sé lo que voy a hacer.

—Esteban, sabes que yo voy como tu amiga porque valoro tu amistad y no quiero que te hagas ilusiones de otra índole.

—Sólo te portas como te portaste cuando fui a visitarte allá y no te dañes la cabeza con eso.

—Está muy bien, porque la verdad es que necesito esos días y coger el sol de mi isla para recargar las energías y liberar el estrés.

—Te pienso llevar a comer la langosta más grande que encuentre.

—¡Langosta! ¡Qué chévere! Con lo que me gusta.

—Mira, ese fin de semana que te dije, hay una buena oferta en el hotel. ¿Qué te parece esos días que te mencioné?

—Voy a cotejar mi agenda y hacer los arreglos en mi trabajo y te dejo saber. De irme ese día, tendría que ser por la tarde cosa de llegar a Puerto Rico como a las ocho de la noche.

—Raquel, esa hora de llegada es muy tarde. Recuerda que, en lo que se busca el equipaje, saldríamos muy tarde del aeropuerto y llegaríamos al hotel pasadas las doce de la noche. Debes tratar de llagar por el día y así no se pierde el viernes.

—Voy a trabajar hasta el jueves por la tarde, y salgo el viernes por la mañana para regresar el lunes después del mediodía.

—Exacto. Esa es la hora perfecta. Así, yo te recojo temprano en el aeropuerto y disfrutamos el viaje hacia el hotel durante el día. Así que llamaré al hotel para hacer la reservación para esos días.

—Está bien yo haré los arreglos en mi trabajo para esos días. Bueno, Esteban, seguimos hablando más tarde en la noche cuando me conecte a FaceBook, que tengas buenas tardes.

—Buenas tardes y nos comunicamos más tarde.

Mientras hablaba con Raquel, Esteban había notado que a ella le pasaba algo. Más tarde, cuando se comunicara con ella nuevamente, le preguntaría.

Por la noche, luego de haberse conectado a FaceBook y ver que ella también estaba conectada, procedió a chatear y preguntarle si tenía algún problema.

—Buenas noches, Raquel.

—Buenas noches. ¿Cómo estás?

—Muy bien. La que me parece que no está bien eres tú. ¿Tienes algún problema que te esté afectando?

—¿Por qué me preguntas eso?

—Porque he notado algo en ti que me hace pensar que te pasa algo.

—No te preocupes. No es nada.

—Si te pasa algo, debes confiar en mí, para eso somos amigos.

—Tienes razón, pero te digo en otro momento porque no me siento bien con hablarlo ahora.

—Raquel, las cosas se deben hablar porque callarlas te hacen más daño. Es algo relacionado con tu hija, ¿no?

—Sí.

—¿Que pasó? Por favor, dímelo.

—Es que ha sido algo terrible y me tiene muy mal. Me ha afectado mucho.

—No me digas que es lo que estoy pensando.

—Si piensas que está embarazada, eso no es o que metió la pata, como dicen en Puerto Rico tampoco.

—Te soy honesto, me vino eso a la mente. ¿Qué pudo ser más terrible que eso?

—Es que ella me mintió y se estaba viendo a escondidas con un tipo que no vale la pena, un bandido.

—¿Cuál es el problema? ¿Que tú no se lo aceptas?

—El tipejo no es de mi agrado, pero lo que hizo el muy cobarde es lo que me tiene en un estado de nervios muy mal.

—¿Qué le hizo?

—El muy cobarde agredió a mi hija. La ofendió y la trató muy mal.

—¡Cómo es posible que ese cabrón haya hecho eso a tu hija! La verdad es que es un cobarde si le pega a una mujer.

Debes denunciarlo para que no sea abusador y respete a las mujeres.

—Lo pienso hacer, aunque ella no quiere.

—Hazlo, porque si no lo haces, va a seguir agrediendo mujeres porque no lo denuncian.

—Pero estoy furiosa con ella por haberme mentido y mira las consecuencias. Pero se lo dije. Y de nuevo, le puse las cosas bien claras, que ésta va a ser la última oportunidad. Si me vuelve a fallar, que no cuente más conmigo.

—Debes ser bien fuerte con ella, aunque comprensiva para que ella reaccione y le sirva de experiencia lo que le sucedió.

—A veces las malas experiencias sirven para hacer reaccionar a las personas y creo que ella aprendió la lección. Ahora, le puse las reglas a seguir en mi casa. No más salidas de noche con las amigas. Sólo al trabajo y a la universidad.

—¿Tú crees que ella las va a seguir?

—Espero que sí. De no hacerlo, que se atenga a las consecuencias. Pero me da la impresión que aprendió la lección. Tanto que yo me he sacrificado por ella y mira lo que hace.

—Raquel, sé que es difícil para ti, pero cógelo con calma. No te vayas a enfermar.

—Trataré, pero no es fácil para mí sola, Esteban. A veces, creo que voy a desfallecer.

—Te entiendo y por eso es que admiro tanto cómo lo has hecho tú sola.

—Esteban, estoy bien agotada. Te voy a dejar por hoy. Que pases buenas noches.

—Sabes que no estás sola. Puedes contar conmigo para lo que sea.

—Muchas gracias. Te lo agradezco. Bye.

—Adiós.

Esteban se sentía preocupado por la situación que estaba pasando Raquel con su hija. Cuando hablaba con ella, notaba lo afectada que estaba por lo sucedido. El viernes por la noche decidió llamarla para ver si estaba más tranquila.

—Hola, buenas noches—contestó ella.

—Buenas noches, Raquel. ¿Cómo te encuentras? ¿Estás más tranquila?

—Esteban, esta situación me ha afectado bastante. Hasta el apetito he perdido.

—No sé qué decirte. Sólo te reitero que no estás sola y cuentas conmigo para lo que sea.

—Gracias. Tu respaldo y tu apoyo es bien importante. Y aunque estás distante, me ayuda mucho. Me da muchas fuerzas para seguir luchando.

—Cómo me gustaría estar a tu lado en estos momentos para que no te sientas sola.

—Me harías mucho bien si tú estuvieras aquí, porque siempre es bueno tener el apoyo de un buen amigo.

—Espero que algún día pueda estar cerca de ti y ayudarte en todo.

—Sólo Dios sabe lo que sucederá entre nosotros.

—Así es, y ojalá tú cambies tu forma de pensar y me puedas querer de otra manera.

—Dejémosle eso al tiempo.

—¿Como ha seguido tu hija?

—Ella está más tranquila y creo que ha habido un cambio positivo en ella. A veces, no hay mal que por bien no venga, como dice el dicho.

—¿Siempre va para la universidad?

—Sí, la veo bien interesada y con el deseo de que llegue la otra semana para comenzar. Ella es una nena buena. Lo que pasa es que inmadura a pesar de su edad.

—Estudiar le vendrá muy bien porque ahora hará nuevas amistades y quizás sea un cambio positivo para ella. Sabe Dios si consigue el padre de sus hijos en la universidad.

—Dios quiera y le aparezca un muchacho serio y de buenos sentimientos. Es lo más que deseo, pero que no vaya a aparecer otro charlatán y me la desgracie.

—Pero eso está en ella, en que sepa escoger el hombre que le conviene.

Hablaron un rato más de otros temas y Esteban notó que la charla que tuvo con Raquel la dejó más tranquila. Luego, se despidieron.

El sábado por la mañana, pasadas las nueve, sonó el teléfono de Esteban. A él, le estuvo raro que a esa hora ella lo llamara porque nunca lo había hecho.

De pronto le vinieron varios pensamientos negativos a su mente por esa llamada.

—Hola. Buenos días. ¡Qué sorpresa recibir una llamada tuya hoy y a esta hora!

—Buenos días, Esteban. Es que estoy todavía acostada y pensé en ti y quise llamarte.

—Que bonita sorpresa la que me has dado. Me siento muy halagado cuando tú tienes esos detalles hacia mí.

—Eso es para que no digas que no pienso en ti.

—Lo que yo lamento es no estar ahí contigo bien juntitos en tu cama, para darte cariñitos y los masajes que tanto te gustan. ¿Te gustaría que estuviera ahí contigo?

—La idea no está mal, pero por ahora es imposible.

—Es imposible porque tú lo quieres, si tuvieras el deseo podría ser posible.

Ella siempre con sus evasivas sin dar entender una cosa ni la otra.

—Me habías dicho que tenías que levantarte bien temprano para acompañar a tu hijo a las prácticas de football.

—Todavía no han comenzado, pero el entrenador está encantado con él, por lo grande y fuerte que es y la habilidad que tiene como atleta.

—Me imagino la mamá, lo orgullosa que está con ese atleta.

—A mí, me gusta participar de esas actividades porque gozo muchísimo verlo jugar y sobresalir. Vale la pena el sacrificio que hago y, además, es por mi hijo y su bienestar.

—Eso es así y esas alegrías que recibes de él compensan todo lo malo que a veces hacen.

—Tienes mucha razón en lo que me dices. Esteban, te voy a dejar ahora porque me voy a levantar para empezar a trabajar en los quehaceres de la casa. Que pases buenos días y que disfrutes a la noche tu bohemia.

—Muchas gracias, mi reina, me has hecho el día con esa llamada sorpresa. Que tengas un bonito día tú también. Bye.

Durante varios días, Esteban y Raquel han seguido comunicándose, ha notado en ella además de sus problemas familiares tiene otras preocupaciones.

El lunes por la noche, ya se habían conectado a FaceBook e iniciaron su acostumbrado chateo.

—Buenas noches, Raquel.

—Buena noches. ¿Cómo te encuentras hoy?

—Muy bien, escribiendo y leyendo mucho.

—¿Sigues escribiendo sobre mi historia?

—Como te dije, pienso terminarla luego de tu viaje a Puerto Rico en los próximos meses.

—¿Cuántas páginas ya has escrito?

—Como ciento cincuenta, más o menos.

—¿Tantas? Leerlo me cogerá como una semana.

—Depende. Si lo lees por partes, quizás. Pero, si lo lees corrido, tal vez sólo dos días.

—Lo que pasa es que yo soy lenta para leer. No acostumbro leer mucho.

—Pero este libro es diferente. Se trata de ti y cosas de tu vida. Por lo tanto, debes leerlo bien rápido.

—En eso, tienes razón y para enterarme de las muchas cosas que tú has escrito de mí. Aunque tú me has enviado bastante del material del libro para que lo vaya leyendo y darte mi opinión.

—Esos han sido ciertos borradores de la historia. Cuando tengas el libro terminado en tus manos, será diferente.

—¡Qué emoción! ¡Un libro sobre mi vida! Jamás pensé que alguien se interesaría en escribir algo sobre mí.

—Ya tú ves. La vida da tantas sorpresas y esa será una que quedará para siempre en tu vida y para la posteridad.

—¿A ti te gusta leer mucho verdad?

—No soy un lector empedernido, pero, de vez en cuando, leo para mantenerme ocupado. Y siempre es bueno leer porque es una experiencia enriquecedora.

—Me estabas diciendo que estabas leyendo un libro sobre Puerto Rico.

—Muy interesante, trata de lo beneficioso que será para Puerto Rico el ser un país independiente.

—Yo, como llevo tanto tiempo fuera de Puerto Rico, ni hablo de esos temas. Ni conozco mucho tampoco.

—Pero como puertorriqueña que eres, debes tener un poquito más de interés por la situación política de tu país.

—Esteban, lo que pasa es que aquí se vive una vida solitaria y agitada. De lo que uno está pendiente es de ir a trabajar, la familia y su entorno diario. Fíjate que yo paso meses y meses que no me entero de cosas de Puerto Rico, como tampoco veo mucha televisión. Tan pronto llego del trabajo, es a cocinar para mis hijos y para mí, y luego a hacer las tareas del hogar porque ellos no me ayudan.

—Yo lo sé. Allá se vive una vida muy individual y uno no conoce ni los vecinos. Yo no me acostumbraría a ese estilo de vida. Porque aquí en Puerto Rico uno se va por todos lados y comparte con la gente y conoce a todo el mundo.

—Eso es una de las cosas buenas que tiene mi país. Pero aquí, según va pasando el tiempo, uno se va acostumbrando. Y yo he ido de visita a Puerto Rico, y no me acostumbro al estilo de vida. Es como demasiado acelerado.

—Estamos iguales. Yo no me acostumbro allá y tú no te acostumbras acá.

—Eso es así. Pero fue la vida que escogí, la de vivir fuera de mi país. Así que tengo que aceptarlo.

—Raquel, he notado que, además de tu preocupación por lo que le pasó a tu hija, tienes otras cosas que te agobian.

—Sí, sabes que la situación económica me agobia. A veces no sé que hacer para cumplir con mis compromisos económicos.

—Si en algo te puedo ayudar, sabes que cuentas conmigo. No tengo mucho, pero para una amiga como tú estoy a tus órdenes.

—Mucha gracias, pero no es tu obligación y a mí no me gusta recurrir a otros. Yo debo resolver mis propios problemas.

—Pero, Raquel, a veces es necesario recurrir a otros cuando no hay otra manera de resolver.

—Si me decido, lo tendré presente y sé que lo haces de todo corazón sin esperar nada a cambio.

—Ya lo sabes. Lo que tienes que hacer es decírmelo y puedo ayudarte con algo para que resuelvas.

—Es que la situación económica que está atravesando el país nos ha afectado a todos. Hace muchos años que no tenemos aumento de sueldo en la compañía en que trabajo, ni bono tampoco.

—¡Wow¡ Mucho tiempo. Y el costo de vida subiendo. La verdad es que tú haces maravillas para vivir allá.

—Y no se puede exigir mucho en el trabajo, porque han ido cerrando muchos centros de trabajo y por lo menos nosotros conservamos el nuestro.

—En eso tienes razón, porque han sido muchas las personas que han perdido el trabajo. Aquí en Puerto Rico pasa lo mismo. Lo bueno aquí es que la familia ayuda. Allá tú estás sola y se vive una vida muy individual y nadie está pendiente de los problemas de las demás personas.

—Gracias doy a Dios porque mi hija empiece a trabajar esta semana y pueda cubrirse sus gastos.

—¿Sigue estudiando en la universidad?

—Sí. Y va a trabajar en un restaurante que sirven variedad de comidas internacionales en su tiempo libre.

—Me alegro, porque así te puedes quitar una carga de encima y ella puede cubrir sus gastos.

—Esteban, se me está haciendo tarde y ya el sueño me vence. Que tengas buenas noches y sueñes con los angelitos.

—Me gustaría soñar mejor con un ángel como tú. Sería más interesante. Buenas noches. Bye.

Luego de terminar el diálogo, Esteban se quedó pensando en el problema económico que tenía su amiga. Para ella, no era nada fácil cumplir con todas sus obligaciones y sabiendo que son muchas.

La casa donde vivía era una estructura moderna y pagaba mucho de hipoteca. Luego, estaban el carro y los seguros, que eran carísimos. El mantenimiento del hogar lo tenía que llevar ella sola. Y muchas cosas más.

Al otro día y sin consultarlo con ella, decidió enviarle una aportación económica para que le resolviera en algo su situación económica, junto a una nota explicativa de por qué lo hacía y diciéndole que, si no lo aceptaba, que se lo enviara de regreso.

Era lunes y Esteban se conectó después del medio día, porque, por los últimos meses, habían estado chateando a esa hora.

—Buenas tardes. ¿Cómo pasaste el fin de semana? Le preguntó él.

—Trabajando mucho en mi casa. Pero gracias a Dios, lo pasé tranquila y sin ninguna preocupación.

—Me alegro de que estés más tranquila. Eso te viene muy bien.

—Esteban, estuve verificando los pasajes para ir el próximo mes a Puerto Rico y compartir esos días contigo.

—¡Qué buena noticia me has dado! Y con los deseos que tengo de verte y hablar personalmente contigo. ¿Cuándo llegas y en qué vuelo?

—Salgo este día, a las siete y cuarentaicinco de la mañana y llego a las diez y cuarto a Puerto Rico, el número de vuelos es este. Luego regreso tal día y salgo de Puerto Rico a las ocho y media de la noche y llegó a las once y veinte de la noche.

—Esa hora de llegada es ideal porque aprovechamos el día completo y después por la noche podemos salir a comer y a bailar.

—Pero Esteban, nadie puede saber que voy a estar en Puerto Rico, porque esos días los quiero pasar contigo y, además, quiero conocer otra parte de la isla y descansar un poco y botar el estrés.

—No te preocupes eso es un secreto entre tú y yo.

—¿Cómo tú vas a justificar la ausencia en tu casa?

—Ya eso está planificado. Separé esos días porque voy a estar en una actividad.

—Te quería decir que recibí una carta tuya y en ella me envías un dinero. Tú sabes que a mí no me gusta que hagas eso y además no tienes la obligación de hacerlo.

—Raquel, por favor, recíbelo y compras lo que tú quieras con ese dinero. Sé que te ayudará en algo.

—Ya que insistes, pagaré los pasajes del viaje con ellos y muchas gracias. Pero me siento mal porque yo nunca le he recibido dinero a nadie y no quiero que malinterpretes las cosas. Mi amistad contigo es genuina y no es por interés.

—Yo lo sé y me haces muy feliz al aceptarlo. Para los efectos, yo te invité a el viaje a Puerto Rico y aquí hay un refrán que dice que el que invita paga.

—Nuevamente muchas gracias. Pero la próxima vez esperas a que yo sea quien lo solicite.

—Está muy bien. Y te quería pedir un favor, cuando vengas, por favor, si quieres te traes el vestido negro, el del escote que te queda muy bonito y elegante.

—¿Te gustó ese vestido?

—Te queda espectacular y me encanta vértelo puesto.

—Si supieras que ese es el único vestido de salir que yo tengo. Aquí no hay muchas tiendas de ropa. Como la mayoría que viven son gringos y ellos siempre andan en pantalones cortos y chancletas. Además, yo no salgo mucho y la mayoría de mi ropa son pantalones, que es lo más que uso, especialmente mahones.

—Pero tú vistes muy bonito y sabes combinar muy bien los colores que usas.

—Es que, como yo no voy mucho a las tiendas y el dinero no me alcanza, tengo que cuidarla. Al revés de Puerto Rico, donde hay mucha variedad de ropa y de tiendas y son más orgullosos vistiendo.

—Tienes razón. Aquí hay muchas tiendas de ropa fina y uno puede escoger a dónde ir.

—Tú eres un ejemplo. Vistes muy bien y sabes combinar tu ropa con el color de tu piel. Aquella camisa que tenías puesta el día que fuimos a bailar, además de ser muy bonita, te quedaba espectacular.

—Muchas gracias por el halago. Cuando fui a la tienda, la compré pensando en ti.

—Si alguien hace halagos, ése eres tú. Te pasas todo el tiempo halagándome.

—¿No te gusta que te diga cosas bonitas?

—¿Qué tú crees? ¿Soy mujer o no?

—¡Y qué mujer! Eres una mujer espectacular. Eres una mujer hermosa. Eres una mujer difícil de enamorar.

—Desde joven, he sido así siempre.

—Yo me rindo. No lo intento más. Es más, la carta que te envié, la rompes. Me di por vencido definitivamente. No voy a poder lograr enamorarte.

—Como tú quieras. Siempre te hablé muy claro.

—Lo sé. Pero en cierta forma, tú tienes la culpa de que yo me haya enamorado de ti.

—¿Por qué yo tengo la culpa?

—Cuando yo fui a visitarte tú sabías de mis sentimientos hacia ti. Aunque siempre me dijiste que me recibías como un amigo.

—Entonces, ¿por qué yo tengo parte de la culpa de que te hayas enamorado de mí?

—Porque cuando salíamos los dos para cualquier lugar parecíamos novios. Cogidos de la mano, te echaba el brazo sobre el hombre, nos acariciábamos y nos besábamos mutuamente, y tú no rechazabas mis besos y mis caricias, y el último día tuvimos relaciones sexuales. ¿Cómo tú pretendes que no me enamorara de ti? Esas cosas no las hacen los amigos, a menos que lo hayas hecho por complacerme y, si fue así, estuvo muy mal de ti porque tú no eres así.

Raquel cuando escuchó lo que le dijo Esteban se quedó callada por un momento y no supo que contestarle, luego le dijo.

—Lo que pasó fue que me hiciste tantos halagos y me confundí, pero no era lo que realmente quería, porque tú para mí eres un amigo muy especial.

—Pero se dio y yo me entusiasmé. Tú sabes que no te soy indiferente y algo te tiene que atraer de mí.

—No te niego que tú eres un hombre muy especial. Pero mi corazón no tiene tiempo para enamorarse de nuevo.

—Lo que pasa es que tú tienes miedo a enamorarte. Además, sientes cierta presión directa o indirecta, creo, de tus hijos y familiares.

—Es posible. Pero mi prioridad más importante es el bienestar de mi hija y de mi hijo. Y a eso dedico mi tiempo. Quizás, cuando ellos se hayan realizado, me dedicaré a mí.

—Pero no debes esperar mucho tiempo, la vida es corta y pasa muy rápido.

—Yo lo dejo en manos de Dios. Lo que suceda fue porque él lo quiso.

—Te diré que yo me he puesto a analizarte y he llegado a las siguientes conclusiones.

—¿Cuáles son esas conclusiones?

—Primero, que tú eres una mujer muy dura para expresar tus sentimientos. Te digo esto porque yo he tenido muchos detalles contigo y nunca he recibido un detalle de cariño de tu parte.

—Bueno, te he dado las gracias por lo bien que te portas conmigo.

—Eso no es suficiente. A veces, uno espera alguna otra muestra de agradecimiento, quizás una frase bonita.

—Esa es mi naturaleza humana.

—Segundo, que te pareces a mi esposa, dos mujeres extraordinarias pero no expresan sus sentimientos.

—¿Me estás comparando con ella?

—Te digo que se parecen en eso que te acabo de mencionar.

—Tercero, y digo esto, pero no estoy seguro, tú estás enamorada de otra persona y no me lo quieres decir. Y si es así, está muy mal de tu parte porque has dejado que éste sentimiento hacia ti cada día vaya creciendo más.

—Te puedo asegurar que eso no es cierto. Y si fuera cierto, te lo hubiera dicho porque a mí no me gusta engañar a las personas ni jugar con sus sentimientos.

—Si tú lo dices, tengo que creértelo.

—Es que es así, no lo dudes.

—Cuarto, no quieres que ni tu familia directa, o sea, tus hijos, ni tu otra familia se enteren de que tienes un enamorado.

—Siempre te he dicho que mi prioridad son mi hija y mi hijo y puede que tengas razón respecto a ellos. De mi otra familia, no me importa tanto sus comentarios porque yo no me meto en sus vidas privadas.

—Quinto, yo no soy tu tipo y soy muy viejo para ti.

—Fíjate que no he tomado eso como excusa de que tú seas mayor que yo, porque tú te ves muy bien para tu edad. Además, tú eres un hombre que puedes agradar a cualquier mujer por tu forma de ser. Eres guapo, hablas bien, vistes bien y tienes un gran corazón.

—Gracias por todo eso que me dices, pero no he logrado ganarme tu corazón.

—Pero te has ganado mi amistad o es que no la aprecias.

—Sabes que sí la aprecio, pero no te puedo ver como una amiga porque estoy enamorado de ti.

—Dejémosle eso a Dios y el tiempo dirá lo que suceda.

—Sexto, tú fuiste tan lastimada en tu relación anterior que te hizo ser como eres ahora, que no crees en el amor.

—Respecto a lo que dices de mi relación anterior, yo fui muy ofendida. En eso, tienes razón. Y me hizo no creer en el amor.

—Como siempre te he dicho debes darte una nueva oportunidad y dejarte amar de nuevo. Te digo que algo tú puedes sentir por mí si dejas que tu corazón se abra a un nuevo amor.

—Bueno, Esteban, seguimos chateando en otra ocasión que ya pronto salgo de mi trabajo. Que tengas buenas tardes.

—Lo mismo para ti. Buenas tardes. Bye.

Esteban estuvo un rato pensando y buscando otras razones por las cuales Raquel no quería enamorarse de nuevo. No encontraba una que fuera lógica y razonable.

Él esperaba que esa noche pudiera chatear con ella, para que ella se las dijera. Aunque últimamente, de noche, no estaban teniendo mucha comunicación porque por el día chateaban bastante.

Eran como las ocho de la noche cuando Esteban se conectó a FaceBook y para sorpresa de él ya ella estaba conectada.

—Hola. Buenas noches—dijo él.

—Buenas noches. ¿Cómo te encuentras?

—Estoy bien. Me he quedado con la preocupación de saber por qué tú no quieres enamorarte de nuevo.

—Es que mi corazón ha sufrido mucho y ya no creo en el amor. Además, no he encontrado a alguien que me quiera y me respete como yo quiero que me quieran.

—Creo que eres un poco injusta conmigo, porque tú sabes que yo te quiero y te respeto como mujer y siempre te lo he dicho y te lo he manifestado.

—Eso es verdad, pero tú sabes que yo a ti te veo como un amigo nada más. A veces me siento mal, porque no te puedo querer como tú quisieras que te quisiera, pero yo no mando en mi corazón.

—No me digas lo mismo de que no se manda en el corazón. En el corazón, se manda y el corazón quiere y olvida. Según quiere, puede olvidar y según olvida, puede de nuevo amar.

—No estoy de acuerdo contigo, pero es tu opinión.

—Al corazón que se le da cariño, que se le da amor, que se le da respeto, que se le hace ver que es lo más importante, ese corazón volverá a amar de nuevo. Lo que pasa es que tú te has cerrado al amor y lo justificas con eso de que en el corazón no se manda.

—Quizás tengas razón, pero tú eres un hombre casado y yo no quiero perjudicar esa relación, además estamos muy lejanos el uno del otro.

—Raquel, tú no tienes nada que ver con lo que ha pasado en mi matrimonio. Eso viene sucediendo de muchos años atrás. Te lo he dicho anteriormente. La distancia no es problema. Ahora mismo, el mes que viene nos vamos a ver y el próximo año en los primeros seis meses nos podemos ver dos veces más.

—Como te he dicho siempre, vamos a ver qué nos tiene Dios preparado para nosotros. Pero te digo que me estoy sintiendo con mucho cansancio. Voy a tener que tomar unas vitaminas.

—Es que tú tienes mucho estrés y preocupaciones. Eso se te va con una dosis de sol puertorriqueño.

—Tienes mucha razón, estoy deseosa de que lleguen esos días para disfrutármelos al máximo y olvidarme de todo y de todos.

—Ésa es una buena actitud. Ya verás que los vamos a disfrutar muchísimo.

—Bueno, mi querido amigo, te voy a dejar por hoy porque tengo que hacer varias cosas antes de irme a la cama. Que pases buenas noches.

—Buenas noches y trata de descansar. Es que tú trabajas mucho.

—Lo tengo que hacer. Bye.

Esteban luego de haber terminado de chatear con su amiga decidió escribirle un email.

''Raquel, sabes que, para amar de nuevo, tienes que dejar tus miedos y abrirte a un nuevo amor. Yo estoy dispuesto a ser esa persona si me das la oportunidad. Quizás no sea un hombre guapo, pero tengo una gran belleza interior que estoy dispuesto a ofrecértela a ti.

"No creo que la diferencia de edades sea un obstáculo. Si buscas un galán, yo no soy la persona ideal. Pero si buscas un hombre que te dé la felicidad que tú te mereces, yo estoy dispuesto a ser ese hombre y hacerte muy feliz.

"Buenas noches, Esteban.

Hoy, por la tarde Esteban se conectó a FaceBook, porque ya ha hecho costumbre chatear con ella desde su trabajo.

—Buenas tardes, hermosa.

—Buenas tardes. Gracias por los lindos piropos que siempre me dices.

—Raquel, yo no te digo eso por decírtelo. Tú eres una mujer muy hermosa y guapa. Lo que pasa es que tú eres muy sencilla y no te lo crees, pero cuando vas a un lugar y se te quedan mirando, especialmente los hombres, es por algo. ¿Tú no crees?

—Tú me lo has dicho tantas veces que me lo voy a creer.

—Y siempre te lo repetiré, porque la belleza no es sólo lo físico, también son las cualidades que tienes como mujer.

—Es que yo soy muy buena gente con las demás personas, y me quieren mucho.

—Eso es parte de la hermosura de una mujer. Me estás dando la razón. La mujer debe ser también vanidosa y dejarlo ver para que lo noten y lo admiren.

—Yo no soy vanidosa. Me considero muy sencilla.

—Pues debes serlo, porque la vanidad no es mala. Ahora, si fueras 'echona' o antipática, sería diferente. Yo me considero un hombre vanidoso. No soy antipático y trato de ser amable.

—Pues, seré vanidosa si es para sentirme mejor.

—Recuerda que hay un decir que se repite mucho por todos sitios.

—¿Cuál es?

—Vanidad femenina. ¿Acaso nunca lo has escuchado?

—Desde pequeña he escuchado esa frase.

—Por algo es que lo dicen.

—Hoy hablé en mi trabajo para coger los días de vacaciones para ir a Puerto Rico. Pero hay una compañera de trabajo que es una metiche y se pasó preguntándome que para dónde voy y con quién.

—Tú no tienes que darle explicaciones a nadie.

—Ella es muy buena compañera paro le gusta averiguar todo.

—¿Cuántos días vas a coger?

—Dos días. Viernes y lunes.

—Creía que ibas a solicitar hasta el martes, porque el lunes llegas tarde en la noche a tu casa.

—Tendré que ir a trabajar el martes media dormida. No me queda otro remedio. No puedo tomar muchos días, porque después en verano no me quedarían muchos días para vacaciones.

—Ya el mes que viene estarás por acá y vas a disfrutar mucho esos días.

—Así espero. Sé que los disfrutaré porque tú eres un gran anfitrión.

—Yo disfruté los míos cuando fui a visitarte allá, gracias a tus atenciones. Parecía un niño con juguete nuevo y, además, me vinieron de maravilla y me sentí renovado.

—Qué bueno que lo hayas pasado bien. Traté de complacerte lo mejor posible.

—Me complaciste muy bien, pero muy bien.

—¿Qué insinúas?

—Nada, que fuiste muy buena compañía.

—¿Tú crees?

—Raquel, la vida hay que vivirla y eso es lo que yo voy a hacer de ahora en adelante. Tú debes hacer lo mismo.

—Tú bien sabes que yo tengo compromisos, especialmente con mi hijo que es menor de edad. Ya mi tiempo llegará.

—¿Cuándo va a llegar? Que no te llegue cuando ya tengas la menopausia, porque solamente yo te puedo entender y tú sabes por qué.

—Ja, ja, ja, yo espero no tardarme tanto.

—Que no te pase como la mujer del cuento, que estaba jamona y esperando por que le llegara el día, y cuando le llegó, no lo pudo disfrutar porque se murió por la noche. Ja, ja, ja.

—Si, pero fue feliz ese día. Ja, ja, ja.

—No creas. Por ser jamona, estaba muy dura y el marido no pudo hacer nada y perdió porque tuvo que pagar el entierro. Ja, ja, ja.

—A mí no me va a pasar, porque yo no soy jamona. Ja, ja, ja.

—Pero para que veas, la moraleja por estar esperando, que al llegar el día no pudo disfrutarlo. Aunque tú eres un jamoncito que cualquier hombre se lo comería porque estás bien buena y chula. Ja, ja, ja.

—Ja, ja, ja. Tú tienes ocurrencias.

—Dios quiera que no te pase nada. Tú necesitas un hombre que te quiera, te respete y te haga muy feliz.

—Dios quiera y aparezca uno.

—Aquí me tienes. Yo me apunto y voy a mí y sé que te haría muy feliz.

—¿Cómo me harías feliz?

—Dándote mucho cariño, respetándote, mimándote, cocinándote cuando llegues del trabajo y luego haciendo muchas locuras buenas los dos juntos.

—¿Todo eso harías por mí?

—Eso y mucho más.

—Que amable eres. Una pena que no te quiero como tú te lo mereces.

—Dale tiempo al tiempo y verás que lograrás quererme.

—Vamos a dejarlo al tiempo. Él dirá lo que suceda entre nosotros. Bueno, mi querido amigo. Ya va ser hora de salir. Así que muchas gracias por tus atenciones y que pases buenas tardes.

—Que pases buenas tardes tú también, mi reina. Y nos comunicaremos luego. Bye.

Esteban estaba notando que Raquel no le ponía tantas trabas como antes cuando le hablaba de sus sentimientos. Pensaba que, si ella estaba viéndolo de otra manera, esa repuesta la iba a tener cuando ella llegara a Puerto Rico el mes que viene en cómo se comportara con él.

Contaba los días que faltaban para su nuevo reencuentro con ella. Y él tenía a impresión de que no pasaban los días, porque todavía faltaba como mes y medio para verse.

Esteban había hablado con un amigo que tiene un apartamento cerca de la playa y él se lo iba a prestar para que lo usara esos días. Ella le había dicho que era mejor que quedarse en un hotel y, además, que no se sentía cómoda compartiendo la misma habitación con él ya que ellos eran amigos solamente.

Una de las cosas que le preocupaba era a qué lugar llevarla durante su estadía en Puerto Rico ya que no conocía mucho el área este de la Isla. Hablaría con su amigo para ir una semana antes de la llegada de ella, para que él lo llevara para que supiera dónde quedaba el apartamento. Además, como su amigo conocía bien el área, le diría algunos sitios donde podían ir.

Para él, era muy importante ese viaje que ella haría a su país. Además quería saber si ella le iba a ofrecer más que una amistad.

Muchas veces, Esteban le había manifestado el amor que sentía por ella, pero siempre obtenía la misma respuesta de que lo veía como un amigo y que no le podía ofrecer nada que no fuera su amistad.

Él le aceptaba esa amistad, pero siempre con la esperanza de conquistar su corazón y no perdía ni un momento para dejárselo saber. Últimamente había notado que cuando le hablaba de sus sentimientos, ella le respondía que el tiempo dirá la última palabra. O sea que no le decía que no podía ser y él se entusiasmaba con esa repuesta.

Mientras tanto, se sentía muy feliz porque pronto estaría con la mujer que le había hecho revivir de nuevo y sentía una gran felicidad, porque llegara ese momento.

Pensaba en cómo ella reaccionaría o actuaría durante esos días que iban a pasar juntos. Esperaba que se trataran como cuando él la había ido a visitar, que aunque era como amigos, parecían dos novios cogidos de la mano para donde quiera que iban y se profesaban caricias mutuamente.

Esa interrogante le pasaba por la mente porque en todo momento ella le recordaba que venía en plan de amigos y esperaba que él lo aceptara así y fuera muy respetuoso con ella.

Para Esteban, ésta sería su última oportunidad de conquistar a Raquel. De no surgir nada entre ellos dos, él decidiría si continuar la relación de amistad solamente con ella.

Para él, era sumamente difícil tratarla como una amiga porque cada día estaba más enamorado de ella. Si la relación no pasaba de una simple amistad, quizás trataría de ir eliminando la comunicación que tenían diariamente hasta que él pudiera sacar de su corazón ese inmenso amor que sentía por ella.

Aunque guardaba esperanzas de que ella reaccionara y lo viera como más que un simple amigo y de que se fuera dando cuenta de que él era la persona que la podía hacer feliz. Esperaba pasarla muy bien con ella en esos días que venía de vacaciones y compartir como si fueran una pareja de enamorados.

Muchas veces, Esteban se quedaba pensando en los momentos tan especiales que había pasado junto a Raquel cuando estuvo visitándola. Rememoraba las veces que salieron a comer a diferentes lugares y luego a bailar, donde estuvieron muy acaramelados y eso, pensaba, no son cosas de amigos. Más parecían de dos seres enamorados.

Se preguntaba en silencio ¿por qué ella no sentía hacia él otro sentimiento que no fuera de amistad? Porque con los detalles que él tenía hacia ella, con cualquier otra mujer, era para enamorarse, porque a las mujeres se les agrada y se les enamora con detalles.

Llegó el martes y Esteban no había hablado ni chateado con Raquel desde el viernes pasado. Por la mañana, como de costumbre, le envió un mensaje.

Esperó hasta después del medio día para conectarse a FaceBook y poder chatear con ella.

—Buenas tardes, mi reina.

—Hola Esteban. ¿Cómo estás?

—Muy bien. ¿Cómo pasaste el fin de semana largo?

—Lo disfruté mucho en familia.

—Qué bueno. Ya vi una foto donde estás jugando tenis y pareces toda una profesional.

—Eso fue el lunes feriado. Fui con mi hijo y su amiga. La pasamos muy bien.

—Espero que cuando vengas la pases bien acá.

—Así espero. Y con tu compañía la voy a pasar mejor.

—Tengo que cotejar qué lugares hay por esa área para llevarte y que disfrutes. ¿A ti te gusta mucho la playa? ¿o eres como yo que no me gusta mucho?

—No soy muy amante a la playa. Me gusta más la piscina.

—En el apartamento que nos vamos a quedar, hay piscina.

—Muy bien, ya la usaremos.

—¿Qué tipo de comida te gustaría comer?

—Tú sabes que me encantan los mariscos, pero voy a aprovechar y comer todo lo que pueda de la comida puertorriqueña.

—Se jodió la dieta esos días, aunque tú eres de esas personas que aunque coman mucho no engordan.

—No creas. Engordo si me descuido, pero el que me quiera tiene que quererme como sea, gordita, flaquita.

—Tú sabes, mi amor, que yo te quiero como quiera, porque yo no me enamoré de lo físico solamente sino también de la mujer que hay en él.

—Gracias, Esteban. Qué bonito te quedó eso.

—¿Ya separaste los pasajes? ¿Son los mismos vuelos?

—Lo voy a hacer esta semana y te estaré informando. Parece que tienes muchas ganas de que lleguen esos días.

—Los cuento uno a uno para verte y darte el abrazo y un beso si me lo permites.

—Un beso de amigo.

—No importa. Me conformo con eso. Lo importante es tener tu compañía.

—¿Tanto te interesa mi compañía?

—Tú sabes que mucho. Y más, al tratarse de una mujer que es tan linda por dentro como por fuera.

—Gracias. Eso mismo me dijo mi hija este fin de semana.

—¿Qué te dijo?

—Que yo era una mujer linda por dentro y por fuera. Y que merecía encontrar un hombre que me hiciera muy feliz y me tratara como una reina.

—Ese hombre soy yo. Tú eres mi reina y te trataría como tú te lo mereces.

—Que cosas dices, Esteban.

—Te digo la verdad. Sólo tienes que darme la oportunidad para demostrártelo.

—Es que mi corazón está lastimado. No me gustaría de nuevo sufrir una desilusión. No me atrevo y ahora no quiero.

—Pero no puedes estar toda la vida con eso. Tienes que tratar de amar de nuevo.

—Ya veremos. Quizás más tarde. Dame tiempo.

—Yo sé esperar y, cuando ese corazón decida amar de nuevo, estaré ahí para ti.

—Esteban, tengo mucho trabajo y me están entrando muchas llamadas. Así que te voy a dejar. Seguimos chateando a la noche. Que tengas buenas tardes.

—Buenas tardes para ti también y recuerda que te quiero mucho. Bye.

Sólo faltaba cerca de un mes para el ansiado encuentro entre Esteban y Raquel. Él sólo le pedía al Señor que esos días que pasarían juntos en Puerto Rico no sucediera nada y que los disfrutaran a cabalidad.

Ya él se imaginaba el día en que iría al aeropuerto a recogerla y luego irían al lugar acordado para pasar esos días de vacaciones. No obstante, el mismo deseo de estar con ella hacía que los días pasaran muy lentos.

Al día siguiente, como era ya costumbre, se conectó a FaceBook después del medio día para chatear un rato con ella.

—Buenas tardes, joven. ¿Cómo te encuentras hoy?

—Muy bien, aunque un poco ajetreada con los teléfonos hoy que no paran de sonar, especialmente por la mañana.

—¿Separaste los pasajes?

—Lo hice ayer por la noche. Así que ya no me puedo arrepentir. Ja, ja, ja.

—¡Qué bien! O sea, que el mes que viene te voy a ver si Dios quiere.

—Eso es así, de no ocurrir nada.

—Me imagino que son los mismos vuelos de llegada y de ida.

—Sí y costaron lo que yo te había dicho.

—Para que no tengas que pagar equipaje, trae una maleta pequeña, para que la puedas guardar en el compartimiento del avión.

—Lo sé. Cuando yo viajo por pocos días siempre llevo un equipaje pequeño, para no tener que esperar recogiendo maletas.

—Mejor todavía, porque así te recojo rápido y no hay que esperar mucho.

—¿Qué quieres que te lleve de regalo?

—Lo más importante eres tú, pero casualmente esta mañana cuando cogí mi cartera noté que está bastante deteriorada y pensé en ti. Y ahora tú me preguntas lo que deseo, una cartera.

—¿Qué tipo de cartera prefieres?

—A mí me gustan las que abren para ambos lados, no las que son cuadradas y largas.

—Está muy bien. Eso es fácil de conseguir.

—Siempre te he dicho que yo soy fácil de complacer, con detalles simples que valen más que el dinero.

—Yo quería pedirte un favor, si se puede.

—Dime ¿cuál es ese favor?

—Me gustaría ir a un salón de belleza en Puerto Rico para pintarme el pelo y que me hagan unos rayitos. Lo que pasa es que aquí yo me los hago pero no los hacen tan bien como en Puerto Rico. ¿Puedes complacerme en eso?

—Mi reina, conmigo no hay problema. Cuando lleguemos buscamos un salón de belleza y, como eso se debe tardar, haces una cita para el otro día.

—Muchas gracias tú siempre tan complaciente conmigo.

—Tú te lo mereces y además me gusta que estés radiante y preciosa.

—Eso es para lucírtelo a ti y que me veas más bonita.

—Tú siempre te ves bonita.

—Pero como hace tiempo que no me hago ese cambio en el pelo, me veré más bonita para ti.

—Esteban, hablamos más tarde, porque tengo que ir a una reunión de personal. Esta noche no me conectaré porque voy a ir al juego de mi hijo. Así que chateamos mañana. Que pases buenas tardes.

—Está muy bien y buenas tardes para ti también.

Esteban estaba ansioso y deseoso de que los días pasaran para tener un nuevo encuentro con Raquel. Ella parecía también estar deseosa de que llegara el día de venir a Puerto Rico y disfrutar esos días.

Al otro día, viernes se conectó a FaceBook como siempre, después del medio día, porque estaba seguro de que Raquel estaría conectada.

—Buenas tardes, preciosa. ¿Cómo te encuentras hoy?

—Muy bien, pero tú sabes con mis problemas y preocupaciones que no me dejan tranquila.

—¿Cuéntame qué te pasa ahora?

—Tú sabes lo que pasé con mi hija que todavía me sigue afectando.

—¿Es que ella volvió a las viejas andanzas?

—Ella está más tranquila y sigue estudiando, pero el trabajo que tiene no le dan muchas horas y lo que gana no le da para casi nada y tengo que estar resolviéndole. Le dije que tiene que buscar otro trabajo porque yo no puedo más.

—Ella tiene que darse cuenta de esa situación y que tú no puedes hacer más de lo que haces.

—El carro que tiene está a nombre mío y si no lo pago me daña mi crédito.

—Pero si no se puede tener carro, no se puede porque la situación está mala.

—Lo sé. Pero aquí uno sin carro está perdido. Lo necesitas para resolver todo.

—¿Allá no hay un sistema de transportación pública?

—Sí, pero no es muy eficiente. Te digo, estoy loca por que llegue el día de irme para allá y disfrutarme al máximo esos días y olvidarme de todo.

—Así será. Me voy encargar de que los pases muy bien y, aunque son pocos días, de que te olvides de todos tus problemas.

—Me hace falta que me den un fuerte abrazo y que me hagan cariñitos para sentirme mujer.

—Mi vida, aunque estoy distante, imagínate que recibes ese fuerte abrazo en estos momentos. Los cariñitos te los doy cuando vengas para que te sientas una mujer de verdad.

—Gracias, espero que me des todo eso que me dices porque los necesito para sentirme viva.

—Puedes estar segura que lo haré. Y espero que tú estés en la mejor disposición de aceptarlos.

—No te preocupes, que necesito de todas esas cosas y sé que tú me las darás con toda la pasión que una mujer necesita.

—Ya me estoy imaginando cómo será ese encuentro en el aeropuerto.

—¿Viste las fotos que puse del juego de football de Jaime?

—Las vi y está hecho un gran jugador. Por otro lado, tú y tu amiga lo que hacían era 'robar cámara', como decimos en Puerto Rico.

—¿Por qué dices eso?

—Porque en casi todas las fotos, salen ustedes y posando de diferentes ángulos.

—Era que mi amiga estaba tomando fotos en todo momento.

—Pero se ven muy bien, especialmente tú, que eres más fotogénica.

—Bueno, Esteban. Ya es hora de irme retirando. Así, pues, que tengas buenas tardes y que disfrutes tu bohemia esta noche.

—Muchas gracias y que pases un buen fin de semana. Bye.

Faltaban todavía varias semanas para que Raquel viniera y Esteban ya sentía cierta preocupación por si, cuando llegara ese día, fuera a suceder alguna situación que afectara adversamente el encuentro entre ellos dos.

Eran posibles escenarios que él se hacía mentalmente, pero que siempre tenía sentido considerar, por si sucedían. Él le rogaba todos los días al Señor que todo saliera bien y que no fuera a ocurrir algún percance que suspendiera el encuentro.

Pensando en cómo Raquel le había dicho el viernes anterior que lo más que deseaba era un fuerte abrazo y unos cariñitos para sentirse mujer, Esteban dio rienda suelta a su imaginación y pensaba que a lo mejor ella venía con otra actitud, no una de que sólo la tratara como una amiga.

Si eso era lo que ella deseaba, él infería que podría besarla, acariciarla e inclusive hacerle el amor, porque era lo que ella estaba deseando, según lo que le manisfestó.

Los comentarios de ella lo motivaron tanto que ya se hacía de la idea que la relación de ellos iba a variar. Ya no iba ser una relación de amigos, sino una relación más profunda e intensa entre un hombre y una mujer, donde ambos se profesan cariño mutuo y se desean.

Ese encuentro entre ellos era sumamente importante para Esteban, lo que surgiera determinaría el futuro de la relación de los dos.

De ella venir en una actitud de que sólo lo ve a él como un buen amigo y nada más, Esteban decidiría si seguir con esa amistad, porque él no la podía ver como a una amiga y sí como a una mujer a quien quería y deseaba.

Esteban anhelaba que llegara el lunes, porque se podría comunicar con ella en varias ocasiones, distinto del fin de semana, cuando se comunicaron muy poco.

Ya el lunes Esteban no escribió su acostumbrado mensaje a Raquel. Luego de ir a hacer varias diligencias, regresó a su casa antes del medio día y se conectó a FaceBook y había un mensaje de ella.

Más tarde, pasadas las doce del mediodía recibió una llamada de ella.

—Buenas tardes, Esteban. ¿Cómo estás hoy?

—Muy feliz de recibir tu llamada. Me siento bien contento cuando tú me llamas, porque eso me dice que estás pensando en mí.

—Te llamo para saber de ti ya que el fin de semana no me conecté. Y además, tú estás fuera de tu casa.

—Pero yo te llamé el viernes y hablé un rato contigo.

—Si lo recuerdo, pero el sábado y domingo no supe nada de ti.

—Que bueno que se recuerden de uno, me agrada que lo hagas.

—Deseando que llegue el día de ir para Puerto Rico. Quiero estar esos días allá y olvidarme de todos.

—¿A ti te pasa algo? Lo noto en tus palabras.

—Es el mismo problema de siempre con mi hija. Sigue con la misma actitud y ya no aguanto más. Me dijo que el próximo mes se va a vivir con una amiga y yo le dije que lo podía hacer desde hoy mismo. Está acabando con mi vida y creo que yo no me merezco esto que me está sucediendo con ella porque he sido una buena madre para los dos.

—Sé que tú te desvives porque ellos estén bien, pero vas a tener que alejarte de esa situación porque te puedes enfermar. Y tú no puedes enfermarte porque eres el sostén de tu familia.

—¿Que puedo hacer si ella sigue con esa rebeldía?

—Lo único que yo te puedo decir es que la dejes ir para que ella resuelva sus problemas. Y tú, dejar de ser tan mamá y dedicarte a ser más mujer.

—Por eso es que quiero que lleguen rápido esos días, para irme y que nadie sepa de mí, ni dónde estoy, pero los días pasan muy lentos.

—A mí me pasa lo mismo. Cuento los días y como que están estancados. Pero ya llegarán y los vamos a disfrutar.

—Bueno, Esteban, estoy en mi hora de almuerzo. Voy a comer algo antes de entrar de nuevo al trabajo que pases buenas tardes.

—Lo mismo para ti y pídele al Señor que te dé fuerzas para bregar con la situación de tu hija. Bye.

Esteban se queda muy preocupado por la situación en que está Raquel con su hija. Sin embargo, como le dijo, ella tiene que dejar de ser tan mamá y dedicarse más a ser mujer.

Al día siguiente, el martes, como de costumbre, Esteban se conectó a FaceBook para chatear un rato con ella.

—¡Hola linda!

—¿Cómo estás Esteban?

—Muy bien como siempre. ¿Y tú? ¿Más tranquila con tu problema?

—Tú sabes que es difícil estar tranquila, pero estoy tratando de llevar lo mejor posible la situación que me afecta.

—Eso debes hacer, para que no te perjudiques mucho y no te vayas a enfermar. Recuerda que todavía tienes que encaminar a tu hijo que es menor de edad.

—Eso es lo que pienso todos los días. De ahora en adelante, mi hijo será mi única preocupación.

—Ayer me dijiste que cuando vengas, piensas dejar el carro en el aeropuerto hasta que regreses de Puerto Rico.

—Eso pienso hacer y no depender de nadie que me lleve y sepa para dónde voy.

—¿Pero es seguro dejarlo en el aeropuerto esos días?

—Sí, es bastante seguro y además lo estacionan en un área que es para autos que van a estar más de un día.

—Debe costar unos cuantos pesos dejarlo esos días allí.

—No sé el costo. Voy a llamar para verificar.

—Por eso no te preocupes, yo te doy el dinero cuando vayas de regreso para que pagues el estacionamiento.

—Tú siempre tan dispuesto a ayudarme.

—Lo hago de corazón, porque sé que tú no tienes mucho dinero y recuerda que yo te invité a venir.

—Tú eres un gran amigo. Además de un caballero, un gran ser humano.

—Gracias por esas cosas tan bonitas que dices de mí. Hoy eres tú la que me está halagando y, te soy honesto, me siento muy bien de que tengas esa opinión de mí.

—Siempre la he tenido y ahora que te conozco más, me he dado cuenta de que eres un gran hombre.

—Hoy me siento muy contento porque hace un tiempo un amigo mío que es doctor en medicina me invitó a hacer una prueba para verificar la edad que uno representa en el momento. Son investigaciones nuevas que están haciendo en la escuela de medicina mediante varios ejercicios a los que someten a la persona y, más o menos, determinan la edad del individuo en ese momento. Pues, mi amigo me llamó hoy para informarme que yo aparento tener ser un hombre de entre treinta y cinco a cuarenta años. Te imaginas lo feliz que me sentí.

—¡Qué bueno! Estás más joven que yo.

—Bueno, más joven que tú en estamina física, pero tú te ves muy joven para la edad que tienes. La verdad es que la prueba no está probada científicamente, pero yo me siento como de un hombre de esa edad o menos.

—Eso es lo importante, cómo uno se sienta.

—Y cuando me haga unos arreglitos me veré más joven. Já, já, já.

—Ahora que mencionas eso. Yo más tarde pienso hacerme uno de la barriga y los senos para verme mejor, porque no me gusta cómo están.

—De yo hacerme algún arreglo, me lo haría en la área de los ojos y quizás la barriga porque, para mi edad, todavía no tengo arrugas.

—Veremos a ver si algún día aparece el dinero para esos arreglitos.

—Ten fe que quizás algún día lo logres.

—Mientras tanto, voy a tener que ponerme a dieta para bajar unas cuantas libras, que no me gusta como me veo.

—Pero si tú estás preciosa así. Te ves muy bien.

—Es que tú me quieres mucho y me lo dices para hacerme sentir bien.

—Es que estás muy bien y yo lo he podido comprobar, pero la vanidad femenina se impone.

—Tú mismo en una ocasión me dijiste que debía ser vanidosa para lucir mejor.

—En eso tienes razón. Y te dije que me gustaba la mujer vanidosa.

—Es que no tengo mucho tiempo para hacer ejercicio y, aunque me gustaría irme a caminar por la noche, es un poco peligroso porque es muy oscuro.

—Si algún día yo me voy a vivir cerca de ti, te podría acompañar en las caminatas de noche. ¿Qué te parece la idea?

—Muy buena, porque es mejor caminar acompañado y, si la compañía es buena y del agrado de uno mucho, mejor.

—Entonces, ¿soy una buena compañía para ti?

—Seguro que lo eres y me encantaría.

—Mientras tanto, como tu casa tiene una escalera interior, puedes bajarla y subirla por quince minutos y es muy buen ejercicio.

—Me has dado una gran idea. Aunque yo bajo la escalera y luego la subo cuando me voy a dormir, tendré que motivarme y hacerlo como ejercicio.

—Te voy a dar una motivación. Dices, 'Quiero bajar diez libras para que Esteban me vea fabulosa cuando llegue a Puerto Rico'. ¿Qué te parece?

—Se oye bien y es muy buena motivación.

—Bueno, mi reina. Ya pronto sales. Seguimos hablando después o en la noche si te conectas, porque hace varias noches que no lo haces. Que pases buenas tardes. Bye.

—Tú también y buen provecho que sé que vas a cenar.

Todavía faltaban unas tres semanas para el encuentro de Esteban y Raquel, y los días cada vez se hacían más largos para él. ¿Qué sucedería de ese encuentro? Esteban esperaba que ella viniera con otra mentalidad.

Para él, estar cuatro días juntos y que no sucediera nada entre ellos sería imperdonable, porque de esos días saldría lo que en un futuro sería su relación con ella. Él no podía verla como una amiga y así se lo dejaría saber. Además, le dejaría saber las intenciones que tenía con ella.

Pensaba que, si ella había aceptado venir a Puerto Rico y estar esos cuatro días con él, por más amigos que fueran, también eran un hombre y una mujer que iban a estar compartiendo juntos. Además, ella sabía de los sentimientos de él, que no eran precisamente los de un amigo, sino los de un hombre enamorado.

Hacía tres días que no tenía comunicación con ella porque era fin de semana, cuando ella nunca lo llamaba. Aunque él podía llamarla también, pero por las malas experiencias que había tenido cuando la había llamado, de que solía contestar la grabadora, no le gustaba llamarla. En su lugar, esperaba con ansias los lunes, para reiniciar la comunicación.

El lunes, como de costumbre, se conectó a FaceBook pasada la una de la tarde, pero ella no estaba conectada. Esperó un buen rato a ver si se conectaba, pero no tuvo suerte.

Se desconectó de FaceBook y se fue a hacer varias diligencias. Más tarde, como a eso de las tres de la tarde, nuevamente se conectó a FaceBook, a ver si ya estaba conectada, con la suerte de que sí lo estaba.

—Hola. Buenas tardes. Creí que no habías ido a trabajar hoy porque me conecté como de costumbre y tú no estabas.

—Lo que pasó fue que nos tuvieron reunidos toda la mañana y salimos tarde a almorzar.

—¿Cómo has estado de tus problemas y preocupaciones?

—Ya son parte de mi vida, pero no me los voy a seguir echando encima porque, si lo hago, van a acabar con mi vida.

—Es lo que te he dicho siempre, que trates de cogerlo más suave porque te puedes enfermar.

—Eso es lo que haré, por eso estoy deseosa de que llegue el día del viaje a Puerto Rico, para pasar esos días allá contigo y olvidarme de todo.

—Ya lo que falta es menos de un mes y podrás disfrutarlos. ¿Siempre piensas dejar el carro en el aeropuerto?

—Es lo mejor para mí, porque así cuando regrese no tengo que estar pendiente de que me vengan a buscar y además estará bien seguro en el estacionamiento del aeropuerto.

—¿Ya sabes cuanto te cobran por dejarlo esos cuatro días?

—No sé cuanto es el costo, pero voy a llamar en estos días para saber.

—Desde ahora me comprometo a darte el dinero para que pagues el estacionamiento.

—Muchas gracias. Te dejaré saber. Esteban, te voy a dejar porque hoy me toca archivar documentos y es lo menos que me gusta de mi trabajo, pero tengo que hacerlo porque no me gusta dejarlos porque se acumulan mucho y es más difícil.

—Está muy bien. Seguimos chateando en la noche si estás disponible. Bye.

Al otro día leyó un email que le envió Raquel en el cual ella le expresaba que se sentía muy mal emocionalmente y físicamente. Tanto era así, que el martes no había podido ir a trabajar por encontrarse indispuesta.

En dos ocasiones, la llamó a su teléfono celular y no pudo comunicarse con ella porque salía la grabación. Como tampoco pudo chatear con ella por la tarde, esperó a la noche para conectarse de nuevo.

—Buenas noches, Raquel. Leí tu email y me indicas que estás enferma.

—Por la mañana, cuando me levanté, todo a mi alrededor me daba vueltas y sentía un malestar estomacal y decidí quedarme todo el día descansando.

—Es que tú tienes muchas presiones y preocupaciones. Tienes que tratar de cogerlo más suave porque, como te he dicho, te vas a enfermar.

—Esteban, lo que yo estoy viviendo no es fácil y tú lo sabes porque te lo he explicado varias veces.

—Te llamé dos veces para saber de ti, pero como siempre me salió la grabación.

—Es que no quería hablar con nadie y, por favor, entiéndeme. No es que no quiera hablar contigo. A veces, no tengo el deseo de hablar. Me siento agotada. Tengo la cabeza que me da vueltas y los pensamientos revueltos.

—Yo te entiendo y lo más importante para mí es tu salud. De ahora en adelante, cuando yo me conecte y tú estés conectada, si no me hablas, no hay problema. Lo entenderé. Si estás conectada y quieres hablar conmigo, me saludas tú primero y así sé que quieres hablar un rato conmigo.

—Está bien, pero no te sientas mal o te molestes, que no es contigo.

—Muy bien. Lo haré de esa manera, para que tú te sientas mejor, que es lo más importante para mí.

—Bueno, Esteban. Te dejo. Me voy a recostar de nuevo, para poder mañana levantarme e ir a trabajar. Que pases buenas noches.

—Espero que te mejores. Y sabes que siempre estoy a tu disposición en todo lo que me necesites. Buenas noches.

—Muchas gracias. Sé que puedo contar contigo en todo momento. Bye.

Habían pasado varios días sin que hubiera comunicación entre ellos. El día jueves, a eso de las cuatro y cuarto de la tarde, sonó el teléfono de Esteban y era Raquel.

—Hola Esteban cómo estás.

—Muy bien. Que agradable sorpresa.

—¿Por qué es agradable? Te llamo para que sepas que me acuerdo de ti y que no te tengo abandonado.

—Me tienes un poco abandonado. Oigo tu voz después de dos semanas de no escucharla.

—¿Tanto tiempo hacía que no me escuchabas?

—Yo te había llamado varias veces, pero como siempre nunca me contestas y sale la grabación.

—Es que, a veces, yo dejo el teléfono en el piso de abajo de mi casa y no lo escucho cuando suena. Además, estos días no tenía deseos de hablar con nadie.

—He optado por no llamarte más porque siempre que lo hago tengo el presentimiento de que no lo vas a coger.

—No es que no lo quiera coger, es que a veces no lo escucho.

—Pero tiene que aparecer mi nombre en llamadas perdidas. ¿O es que tú no lo miras?

—Pero no te molestes por eso.

—No es que me moleste, pero me siento mal. Llamar y llamar y no recibir contestación. Si a ti te pasara lo mismo, que estuvieras llamando a cada rato y no recibieras contestación, pensarías igual que yo.

—Esteban, tú tienes que comprender que yo no tengo el tiempo que tienes tú. Sabes que yo estoy ocupada.

—Si yo te comprendo. Sé que estás ocupada, pero siempre te llamo en el momento que creo que estás desocupada.

—No discutamos por eso. Te llamé para saber de ti.

—A mí no me gusta discutir y para pelear se necesitan dos y yo no peleo.

—Muy bien. Ya falta menos de un mes para el viaje a Puerto Rico. ¿Ya tienes los sitios a dónde me vas a llevar?

—De tenerlos, no. Tú sabes que yo no conozco bien esa área, pero cuando estemos allá, buscaremos los diferentes lugares a dónde ir.

—Puerto Rico no es tan grande y se puede preguntar a qué lugares se puede ir.

—Lo primero que buscaremos cuando lleguemos es el salón de belleza, para que te recorten y te hagan los rayitos que tanto tú anhelas.

—¿De verdad que vas a hacer eso por mí? Me encantaría hacérmelos con los estilistas de allá porque, como te dije, acá no los hacen muy bien.

—Te diré que trataré de complacerte en todo para que la pases bien y regreses satisfecha de tus cortas vacaciones en Puerto Rico.

—Muchas gracias. Tú siempre tan amable conmigo.

—Gracias son las que Dios te concedió a ti, preciosa. Que las expresas a través de esa bella sonrisa.

—Siempre con tus elogios y piropos hacia mí.

—¿No te gustan?

—Me fascinan. ¿A qué mujer no le gusta que le digan cosas bonitas? Y tú tienes ese don de manifestar cosas hermosas para agradar a una mujer.

—Es que tú me inspiras para yo decirlas.

—¿De verdad que te inspiro?

—Mucho, con ese carísima que tienes.

—Bueno mi querido amigo acabo de llegar a mi casa, me alegro que estés bien y por favor no te molestes sino contesto el teléfono que pases buenas tardes.

—Te dije que no me voy a molestar más porque no voy a llamar.

—Como tú quieras esa es tu decisión. Adiós.

—Que pases buenas tardes tú también y gracias por llamar.

Pasó todo el fin de semana y él no tuvo contacto con ella a pesar que el día sábado la llamó varias veces para saber de ella pero con el resultado de siempre no tuvo contestación a sus llamadas.

Él se sentía un poco molesto por esa situación y pensaba que ella se olvidaba de él en los fines de semana y cuando único lo recordaba era cuando llegaba a su trabajo, que algunas veces le enviaba un email.

Decidió entonces que el día lunes no le escribiría el acostumbrado mensaje y que tampoco se iba a conectar a FaceBook para chatear con ella ya que la computadora estaba defectuosa.

Aunque a duras penas pudo cotejar, porque la computadora casi no lo dejaba entrar a ver los email recibidos, vio que había uno de Raquel saludándolo y diciéndole lo que había hecho durante el fin de semana. No se lo contestó. Tampoco se conectó a FaceBook por la tarde ni por la noche.

Aprovechó que su computadora todavía estaba defectuosa y tampoco le envió el mensaje del martes y, si ella lo llamaba, iba a ignorar su llamada para pagarle con la misma moneda para que supiera lo mal que se sentía cuando uno llamaba y no le respondían.

Ese mismo día, a eso de las once y media de la mañana, sonó el celular de Esteban y aparecía un número desconocido para él.

—Hello. ¿Quién habla?—preguntó.

—Hola Esteban. ¿Cómo estás?

La llamada era de Raquel, pero la hacía desde el teléfono de su trabajo. No le quedó otro remedio que hablar con ella.

—¡Ha! Eres tú. No reconocí el teléfono que salió en mi pantalla.

—¿Te sorprende mi llamada?

—La verdad que sí.

—Es que noté que no me contestaste el email que te envié ayer lunes. Tampoco te conectaste a FaceBook ayer por la tarde ni por la noche. Hoy martes por la mañana tampoco me escribiste. Quise saber si es que te pasa algo.

—Lo que pasa es que la computadora se me dañó. Y no será hasta hoy martes por la tarde que estaría funcionando de acuerdo el técnico que la iba a reparar.

—Me imaginé que pudo haber sido eso, ya que tú siempre me escribes unos mensajes muy bonitos y motivadores.

Aunque su computadora estaba defectuosa, él lo usó como pretexto para no comunicarse con ella esos días, porque se sentía molesto con ella por que no se comunicara con él en todo el fin de semana a pesar de que la llamó varias veces y le dejó un mensaje en su grabadora.

—¿Qué hiciste el fin de semana?—preguntó él.

—Me fui con unas amistades, mi hijo y mi hermana menor y su novio para un parque de entretenimiento y la pasamos muy bien. El sábado estuve en el cumpleaños de un hijo de un compañero de trabajo que me había invitado y compartí con muchos compañeros de trabajo. Y el domingo me quedé todo el día en mi casa haciendo la limpieza y descansando para ir a trabajar al otro día.

—Que bueno que te distraigas para que se te vayan las preocupaciones y el estrés que acumulas durante los días de la semana.

Muchas veces él pensaba que a pesar de la situación económica precaria que ella tenía, visitaba muchos sitios donde había que hacer varios gastos, porque el fin de semana anterior le había comentado que había estado en un concierto con su hija y una amiga.

No le quiso hacer ese comentario, porque no era de su incumbencia y para que no se fuera a sentir mal, pero, en su opinión, cuando la situación económica estaba mal, se debían cortar los gastos no necesarios.

—Te llamé el sábado varias veces y me salió como siempre la grabación. Por eso estos días que no me pude conectar contigo. No te llamé para decirte lo de la computadora porque sabía que me iba a salir la famosa grabación. Pero en tu teléfono tienen que estar grabadas las llamadas que te hice.

—No aparecen esas llamadas que tu dices.

—Eso es bien raro, porque en el teléfono mío si tú llamas y yo no contesto, aparece tu nombre en llamadas perdidas o recibidas.

—Pues no aparecieron.

—Si tú lo dices, pues, vamos a dejarlo así.

—Esteban me alegro que todo esté bien porque me preocupé al no saber de ti.

—Muchas gracias por haber llamado y por haberte preocupado por mí.

—Que tengas buenas tardes y si te arreglan para hoy la computadora chateamos a la noche. Bye.

—Buenas tardes.

Faltan dos semanas para el esperado encuentro entre Esteban y Raquel. Él ya está ansioso porque llegue el día y estar con ella. Muchas veces piensa y le pide al Señor que no ocurra nada malo, que esos días puedan pasarlos juntos y disfrutarlos al máximo, especialmente por parte de ella, que está un poco estresada.

Hoy es viernes y regularmente no hay mucha comunicación entre ellos, así que lo intentará después del medio día.

Son la una y media de la tarde y Esteban se conecta a FaceBook para chatear con ella un rato.

—Buenas tardes, guapa.

—Buenas tardes. ¿Cómo te va?

—Muy bien y más, porque es viernes que es el día de la bohemia.

—Este fin de semana lo quiero para descansar porque me siento agotada.

—Es lo mejor que puedes hacer, descansar. Porque lo tuyo es cansancio físico, mental y, junto a tus problemas y preocupaciones, el cuerpo puede sufrir las consecuencias.

—Pero ya estoy acostumbrada a eso.

—Estás acostumbrada, pero llega un momento en que el cuerpo te pasa la factura y puede ser un desgaste físico o un infarto. Dios quiera que no te suceda.

—Sé que tienes razón en lo que me estás diciendo y te lo agradezco que te preocupes por mí. Trataré de cuidarme mejor.

—Así espero. Estuve viendo unos retratos nuevos que pusiste en FaceBook y en uno de ellos estás lo más provocativa y sensual enseñando algo de lo que Dios te dotó

— Já, já, já. Esa me lo tomó mi amiga el día del concierto.

—También vi los retratos y el video del juego de tu hijo. La verdad es que ese hijo tuyo se ve bien grande en ese equipo. Ojalá salga un buen jugador para que te sigas sintiendo más orgullosa cada día de él.

—Sí, él es el más grande y el que mejor juega. Ése es mi hijo bello y precioso.

—Quien los puso parece que no durmió, porque aparece que los pusieron en FaceBook a las tres y media de la mañana.

—Los puse yo. Es que anoche, igual que muchas otras noches, casi no pude dormir y hoy estoy en el trabajo bien agotada.

—Por lo menos, ya faltan dos semanas para que te des el viaje a Puerto Rico y descanses esos días y te olvides de todo.

—Ya estoy deseosa de que llegue el día e irme para allá.

—¿No te sientes ansiosa por el viaje?

—No, a mí los aviones no me asustan.

—Pues yo me pongo ansioso cuando voy a viajar y nervioso cuando estoy en el avión. A lo mejor, hayan sorpresas cuando vengas.

—¿Qué sorpresas?

—Las sorpresas no se dicen porque dejan de ser sorpresas. Ya te lo había dicho en otra ocasión.

—Pero adelántame algo de la sorpresa.

—No seas curiosa. Espera a que vengas. Sólo te diré que a lo mejor te gusta, a lo mejor no.

—Ya empiezas con tus intrigas. Ni modo, esperaré hasta cuando vaya para enterarme.

—Pero te encantan mis sorpresas.

—Sé que serán agradables, como las otras que me has dado. Esteban, ahora me tengo que ir a la recepción, porque me toca atender los teléfonos el resto de la tarde. Como siempre, ha sido un placer haber chateado contigo.

—Lo mismo te digo a ti y que disfrutes el fin de semana. Adiós.

Faltan dos semanas para el viaje de Raquel a Puerto Rico y Esteban estaba más ansioso que ella. Hoy estuvo comprando una cosas que necesitaba para esos días que estarían juntos.

Después de las doce del mediodía, como de costumbre, se conectó a FaceBook para su acostumbrado chateo, que ahora era más frecuente a esa hora que por la noche, porque ella a esa de hora de la noche a veces estaba ocupada en sus labores hogareñas.

—Hello. Buenas tardes, Raquel. ¿Cómo te encuentras hoy?

—Buenas tardes. Muy bien ¿y tú?

—Estoy muy bien y hoy mejor porque estuve haciéndome unos análisis de rutina y la doctora que me atiende me encontró muy bien.

—Que bueno. Me alegro por ti y que te sientas muy bien.

—Me siento como un bebé. Ja, ja, ja, y todo gracias a Dios que a mi edad no tenga ninguna condición física. Eso es gracias a que hago mis ejercicios todas las mañanas.

—Pero yo también me siento como una nena.

—Tú eres una nena y muchas mujeres desearían verse como tú a esa edad.

—Pero un día de estos, me va dar un infarto o algún otro problema de salud.

—No digas eso, que puede suceder. Tú vas a durar más de cien años.

—No creo que dure tanto. Ni tampoco me gustaría durar tantos años.

—Pues yo pienso durar más de cien años y me estoy cuidando para eso. Las personas no deben programarse y tú te estás programando.

—Esteban no es fácil la vida que yo llevo y luchando sola con un montón de problemas y preocupaciones. De noche casi no duermo, me desvelo mucho y me levanto muy agotada para ir a trabajar.

—Te lo he dicho otras veces. Tienes que tratar de olvidarte de tus problemas y preocupaciones. Ahora que estás más tranquila con la situación de tu hija, que tú misma me has dicho que ella se está portando muy bien.

—Pero tú sabes que la situación económica en este país está muy precaria y lo que gano no me alcanza para cubrir las necesidades de mi familia, especialmente a fin de mes.

—Lo sé y yo he querido ayudarte, pero tú no me dejas porque siempre has hecho las cosas sola.

—Tú eres mi amigo y no es tu obligación hacerlo. Tú sabes cómo soy y cómo pienso sobre eso y nunca le he pedido ayuda a nadie. Por favor, hablemos de otra cosa, porque de pensar en eso me da dolor de cabeza y me desespero.

Esteban viendo que ella se sentía incómoda hablando de la situación económica, decidió ponerle otro tema para distraerla.

—Sabes que ya faltan dos semanas para el viaje y quiero que me des los números de los vuelos para esperarte temprano.

—Sí, lo sé y cuando falten unos días te diré el número de los vuelos, porque si te los digo ahora, más tarde me vas a preguntar de nuevo.

—Si me los das ahora y los apunto en mi libreta, no tengo la necesidad de pedírtelos de nuevo.

—Te los digo después porque de momento no los tengo a mi alcance.

—Te iba a comentar que en estos últimos días has cambiado mucho tu foto de FaceBook.

—Es que me gusta hacerlo a cada rato para variar.

—El que tenías hace unos días estaba, además de bonito, muy sexy y provocativo.

—¿Cómo que provocativo?

—Porque se notaban muchas cosas.

—No se notaba nada.

—Yo lo miré más profundo y se notaba algo, pero te digo que me encantó.

—¿Te encantó el retrato y lo que se dejaba ver?

—Te soy honesto las dos cosas.

—Eres muy observador.

—Es que, cuando a uno le importa una persona mucho, como es el caso mío contigo, pues se observa todo de esa persona.

—No sabía que yo te importaba tanto.

—No creo que no lo supieras porque siempre te lo he dicho y te lo he dejado saber.

—Bueno siempre has sido muy amable y cortés conmigo.

—Otro de esos retratos tuyos que me encantó es el que estás enseñando tus piernas y muslos. Una pena que no te guste usar ropa corta para que exhibas esas hermosas piernas y muslos que tienes junto a tu bonito cuerpo.

—Nunca me ha gustado usarlos.

—Si no te gusta, no lo hagas. Pero tienes un cuerpo que inspira tocarlo, unas piernas que inspiran sobarlas y unos muslos que inspiran acariciarlos y besarlos.

—¡Qué romántico estás! ¿La verdad es que yo te inspiro todo eso?

—Eso y mucho más y si me dejas hacerlo te lo demostraré cuando vengas.

—Sabes que yo voy como tu amiga. No me estés sonsacando.

—Siempre te he dicho que eso lo decides tú, que no haría nada que tú no quieras.

—Por eso es que voy esos días para allá y estar contigo, porque eres todo un caballero y muy respetuoso. Pero gracias, porque como mujer me siento muy halagada con tus piropos y comentarios.

—Es que tú me los inspiras y tú sabes que yo estoy enamorado de ti.

—Bueno, Esteban, gracias por hacerme pasar este ratito agradable en que me olvido de muchas cosas. Que pases buenas tardes.

—Lo mismo te digo a ti. Muchas gracias, porque me alegras las tardes y eres muy amable al sacar tiempo para chatear conmigo estando en tu trabajo. Que tengas muy buenas tardes.

Cada día, Esteban estaba más ansioso de que llegara el día del encuentro con Raquel. ¿Cuál iría a ser el comportamiento de ella cuando ambos estuvieran juntos en la misma habitación? ¿Aceptará las propuestas de amor que él le haría?

Recordaba que, aunque había habido ciertas caricias en determinados momentos, los primeros días de cuando él había ido a visitarla, él había sido muy caballeroso y respetuoso con ella, y respetó sus deseos de no involucrarse sentimentalmente con él y de seguir los roles de amigos que habían acordado y que iban a respetarse mutuamente.

Él esperaba que en esta ocasión ella fuera más flexible porque ya llevaban mucho más tiempo conociéndose. Esperaba que, sabiendo el amor que él sentía por ella y que le había demostrado de tantas maneras, ella viniera en una actitud diferente y que aceptara sus caricias.

Algo que Esteban tenía a su favor era que, en uno de los chateos, ella le había manifestado que de ahora en adelante iba a dedicar más tiempo a su dimensión como mujer. Además, le dijo que iba a compartir con personas de su misma edad o más maduras.

Él le preguntó entonces si ella lo clasificaba a él como entre las personas de su misma edad y ella le contestó lo siguiente:

''Tú eres como veinte años mayor que yo, pero eso es un número y a mí no me importa. Lo importante es que te ves más joven y cómo te sientes físicamente. Por esa parte, no tengo ningún problema con tu edad''.

Esteban había recibido ese comentario de ella como un elogio y una aprobación de que ella podía aceptarlo más allá de un amigo. Sólo esperaba que llegara el día de su encuentro para ver cuál iba a ser su comportamiento y hasta dónde llegaría su relación.

Cada día que pasaba y se acercaba el día del encuentro en Puerto Rico entre Esteban y Raquel, él se sentía más agobiado. Por su mente, pasaban diferentes cosas. Que si ella, a última hora, se arrepentía. Que si sucedía algo que impidiera que ella viniera. Que si él no pudiera llegar a tiempo a recogerla por cualquier cosa que sucediera.

Todas eran conjeturas que le pasaban por la mente a él. Ya los pasajes estaban separados. El hotel estaba reservado.

Sólo faltaba que llegara el día para el encuentro. Pero en su mente, siempre había ese grado de incertidumbre porque fuera a suceder algo imprevisto.

Aunque a veces se detenía a pensar lo bien que la iban a pasar, los lugares a los que la llevaría y lo mucho que iban a disfrutar esos días. Él quería que todo saliera bien para que ella quedara satisfecha con su estadía en Puerto Rico y, por eso, trataría de complacerla en todo.

Ya era domingo y él esperaba que por la noche ella estuviera en su casa y se conectara a FaceBook para chatear un rato, aunque no tenía muchas esperanzas por que los domingos ella casi nunca estaba en su casa ni se conecta a FaceBook.

El lunes tampoco se comunicaron por FaceBook. Pero el martes hubo más suerte y, cuando Esteban se conectó a FaceBook, ella ya estaba conectada.

—Buenas tardes, Raquel. Qué bueno saludarte, después de tantos días.

—Hola Esteban. ¿Cómo has estado?

—Muy bien y con muchos deseos de hablar contigo.

—Pero no hace tanto tiempo que estuvimos hablando. Creo que fue el viernes pasado.

—Sí, pero no tuvimos ningún tipo de comunicación durante todo el fin de semana, aunque yo te envié como cinco mensajes a través del teléfono y no respondiste a ninguno.

—Es que estuve muy ocupada. ¿Recuerdas que el viernes te hablé de que iba a visitar una amiga con la que hacía mucho tiempo que no compartía?

—Lo recuerdo, ¿cómo estuvo el encuentro?

—La pasamos muy bien y yo me quedé en su casa hasta el otro día por la mañana, cuando regresé.

—Que bueno que te estés distrayendo. Pero te olvidas de mí los fines de semana.

—No me olvido. Lo que pasa es que me gusta tener mi espacio y también darte el tuyo. Tú acostumbras a salir el fin de semana y no me gusta molestarte.

—No digas eso. Tú nunca serás una molestia para mí. Al contrario, cuando recibo alguna llamada tuya me pongo bien contento.

—Es mejor que mantengamos ese espacio para ambos.

—Si tú lo crees así, no hay problema con eso. A propósito, sólo faltan diez días para que vengas. ¿Ya estás preparando tus cosas para el viaje?

—Todavía no. Como no tengo que llevar muchas cosas, lo hago el día antes del viaje.

—¿Piensas decirle a alguien para dónde vas?

—No, nadie sabrá para donde voy a ir.

—¿Ni siquiera a tu hija o tu hijo? ¿Y si te preguntan?

—Sólo les dije que ese fin de semana voy a salir con unas amigas y ellos no dicen ni preguntan nada más.

—En mi opinión, creo debes decirle a alguien de tu confianza para donde vas, aunque no le digas con quién por si sucede algún inconveniente, se puedan comunicar.

—Yo no estoy pensando que pueda suceder algo, porque si así fuera, no saldría a ningún lado.

—Como tú creas. Ésa es tu decisión. Sólo te digo que voy a hacer todo lo posible porque la pases bien.

—Así espero y esos días me olvidaré de la dieta. Ya sueño con esa langosta que me prometiste.

—Muy bien. ¿Y qué otras cosas de la comida puertorriqueña deseas?

—Un rico mofongo, los tostones y mucha frituras.

—Por esa área a la que vamos a ir, hay todas esas delicias. Después, por la noche, nos vamos a divertir.

—¿Ya está disponible el apartamento que te va a prestar tu amigo?

Cuando ella le preguntó eso, Esteban se quedó un momento callado porque no le había dicho que no iba a usar el apartamento de su amigo. Porque el amigo le había puesto unas objeciones con relación al uso del mismo y que había que hacerle varias cosas.

Esteban decidió separar una habitación en un hotel de lujo en el área donde se iban a quedar, pero no se lo informó a ella, por temor a que no quisiera venir.

Pensó que ella podía pensar otra cosa, que lo que él quería era estar a solas con ella en la misma habitación. Para él lo más importante era que ella estuviera bien y se sintiera como una reina como siempre le decía.

Decidió omitirle ese detalle, porque había notado que su amigo como que no tenía muchas ganas de que usara el apartamento luego de que se lo había ofrecido. En varias ocasiones le había dicho que no estaba en condiciones y que había que irlo a limpiar.

Le respondió lo siguiente:

—Por lo de apartamento, no te preocupes que todo está listo.

—Tú sabes que te dije que iría si íbamos a tener privacidad.

—No te preocupes por eso, que la tendrás.

—No quiero que te hagas ilusiones de lo que pueda suceder entre nosotros.

—Vuelves y me repites lo mismo. Parece que estoy escuchando el mismo disco. Siempre te he dicho que lo que suceda entre nosotros es porque tu lo has querido. Pero debes de ser más mujer y no estar pensando en eso.

—Yo soy muy mujer.

—Chica, tú te hiciste mujer muy joven, cuando te casaste tan jovencita, engañada por un amor que resultó ser una pesadilla. Creo que no has experimentado lo que es ser una mujer amada.

—En eso te equivocas. Luego de que me divorcié, tuve una relación con un hombre americano que me hizo sentir mujer. Me quiso mucho y me respetó, pero por diferencias de costumbres nos dejamos.

—A lo mejor no te quiso tanto y no experimentaron el sexualidad como debe ser.

—Lo hicimos todo y si tengo que hacerlo de nuevo lo hago y no me arrepiento.

—Veo que estás muy segura de lo que dices.

—Siempre he sido una mujer segura en mis cosas.

—Pero eres una mujer muy difícil.

—No te lo niego soy un poco difícil. Bueno, Esteban, ya pronto voy a salir. Así, que tengas una bonita tarde.

—Tú también. Buenas tardes.

Esteban se quedó pensativo y confundido por lo que le había dicho Raquel, porque había sido muy diferente a lo que le había dicho unos días atrás, de que necesitaba venir esos días porque necesitaba despejarse, recibir un abrazo y que la acariciaran, para sentirse mujer.

En otra ocasión, le había dicho que la edad no era un problema para ella y sí como él se sentía. Esos comentarios de ella le habían dado una nueva esperanza a Esteban de conquistar su amor.

Ahora volvía y lo confundía con la advertencia que le hacía de que no se hiciera de ilusiones con ella, porque no iba suceder nada entre ellos.

Estos comentarios habían hecho que Esteban pensara que, si lo que decía Raquel era verdad de no tener nada con él, tendría que tomar una decisión con relación a su situación con ella.

Lo más probable era que, si no podía ganar su amor, tendría que tomar la difícil decisión de cortar su amistad con ella, porque no la podía ver como una amiga ya que lo que sentía era amor y estaba enamorado de ella.

Esperaba con ansias a que llegara el día del encuentro para verificar cuál iba a ser la actitud de ella cuando estuvieran a solas y si sucedía lo que decía, pues, hasta ahí llegaría la relación de ellos.

El miércoles Esteban se conectó a FaceBook como de costumbre para chatear con ella, pero no estaba conectada y no hubo comunicación entre ellos por varias horas. Él procedió a enviarle un mensaje a su teléfono, preguntándole por qué no estaba conectada y recibió la siguiente contestación.

''Esteban, yo he estado conectada a FaceBook durante todo el día''.

Ese mensaje sorprendió a Esteban porque no aparecía el nombre de ella en la pantalla de la computadora como que estaba conectada y de inmediato le envió un mensaje a su teléfono.

''Raquel yo estoy conectado desde la una y media de la tarde y no apareces tú conectada. Ni tu nombre en la pantalla de la computadora''.

Se intercambiaron varios mensajes por teléfono hablando de la situación en las computadoras de los dos. Eran como las cuatro y media de la tarde cuando apareció por primera vez el nombre de ella en la pantalla y procedió a informárselo, pero no chatearon, porque ya casi era la hora de ella salir de su trabajo.

Llegó el domingo y faltaban cinco días para el tan ansiado encuentro, aunque el jueves había habido un problemita que había hecho pensar que quizás el encuentro no se diera. La mamá de Raquel le había enviado un mensaje notificándole que el papá estaba enfermo y hospitalizado.

Cuando ella le informó de lo sucedido, Esteban se desesperó porque de ser esa situación de la magnitud que ella creía, tendría que suspender su viaje y estar más atenta a la situación de salud de su padre.

Esteban le pidió que verificara bien la situación en que se encontraba su papá y luego tomara la decisión que ella estimara más conveniente. No tuvo más comunicación con ella hasta el viernes, cuando lo llamó para informarle sobre la condición de salud de su padre.

—Buenos días, Esteban.

—Buenos días, ¿qué sabes de la enfermedad de tu papá?—preguntó Esteban.

—Pude comunicarme con él en el hospital y lo que sucedió fue que le recetaron unos medicamentos para una condición que él tiene y aparentemente no eran los correctos y le estaban afectando otros órganos.

—Eso es peligroso. Haberle recetado esos medicamentos es una mala práctica.

—La suerte fue que él se fue rápido para el hospital y pudieron estabilizarlo y está mejor.

—Me alegro por ti y tu familia, porque por un momento temí que el viaje no se pudiera dar.

—El viaje va porque lo que tiene no es de cuidado. Así que, si todo sale bien, nos veremos la próxima semana allá en Puerto Rico.

Esas palabras que ella le dijo lo revivieron de nuevo. Además, había hecho unas reservaciones y no las tendría que cancelar.

—Nos veremos entonces el viernes en Puerto Rico cuando llegues.

—Pues te dejo porque estoy llamando del teléfono de mi trabajo y están entrando otras llamadas. Que pases un bonito día.

—Lo mismo para ti y chateamos más tarde. Bye.

Sólo faltaban dos días para el famoso encuentro entre ellos. Esteban tenía preparado el equipaje que llevaría para esos días. Hace días que no tenía comunicación con ella a través de FaceBook y sí, por textos que se enviaban por teléfono.

Raquel le notificó que tenía todo preparado para el viaje y que deseaba con mucho entusiasmo que llegara el día para pasarlo bien chévere en su Isla del Encanto.

La preocupación de Esteban consistía en si podría lograr que Raquel lo mirara con otros ojos, que no fueran los de un amigo. Era que cada día ese sentimiento que sentía era más grande. Pasar esos días con ella y no poderla acariciar como él deseaba sería nefasto para su relación con ella porque no podría verla como una amiga.

Estaba ansioso. Mentalmente visualizaba su encuentro con ella en el aeropuerto y el abrazo que le daría para sentir toda su energía y recibir esa alegría contagiosa que le proyectaba.

Llegó el tan esperado encuentro de Esteban y Raquel. A eso de las diez y media de la mañana, arribó ella al terminal del aeropuerto.

Lucía bellísima con su pelo suelto y pintado de color negro. Cuando la vio, a Esteban el corazón se le aceleró y empezó a palpitar rápidamente y el nerviosismo se apoderó de él.

Tan pronto estuvo cerca de ella procedió a darle el fuerte abrazo que le había dicho que le daría, para recibir, a través de ese abrazo, esa energía que ella le transmitía.

—Hola, ¿cómo estás?—Fue lo primero que le preguntó él.

—Muy bien. Un poco desorientada en este aeropuerto.

—Estaba un poco impaciente porque todas las personas salían y no te veía salir a ti.

—Sucedió que me fui por otro lado, como no tenía que recoger equipaje, y llegué al segundo piso. Una empleada me informó que tenía que bajar al primer piso que es donde tú estabas esperándome.

—Lo importante es que estás aquí para pasar unos días maravillosos.

—Eso espero, no puedo creer que estoy en mi isla.

—Pues créelo que es una realidad.

—Gracias a ti, que me has invitado.

—Tú sabes que para mí es un placer tu compañía. A propósito, te ves muy elegante con ese color de pelo y mañana se verá mejor cuando te hagas lo que te vas a hacer en el cabello.

—Gracias, pero este es el mismo color de pelo que tenía cuando tú me fuiste a visitar.

Luego se trasladaron hasta donde Esteban tenía estacionado su carro y partieron hacia el área este de la isla para pasar los días de vacaciones que programaron.

Más tarde, se detuvieron para almorzar en un restaurante. Como hacía mucho tiempo que ella no comía el famoso mofongo puertorriqueño, ordenó uno relleno de langosta y Esteban pidió uno relleno de pulpo.

Durante el almuerzo, Esteban le confesó algo que no le había dicho cuando se comunicaban.

—Raquel, te voy a decir algo que no te quise decir cuando chateábamos.

—¿Qué me tienes que decir?

—Te había comunicado que nos íbamos a hospedar en el apartamento de un amigo mío, pero como no lo tenía arreglado o en óptimas condiciones, desistí de la idea y separé una habitación en un hotel de lujo porque tú te mereces un lugar así.

—Pudiste habérmelo informado, porque ya te había dicho mis condiciones, pero mientras las respetes no hay problema en eso.

—Sabes que siempre te he respetado y te voy a respetar. Y no sucederá nada que tú no quieras.

Había pasado como una hora cuando arribaron al hotel donde se iban a hospedar.

—Que bonito es este lugar dijo ella muy entusiasmada.

—Que bueno que te guste. Lo separé pensando en que te iba a gustar.

Luego de registrarse en el hotel, se instalaron en la habitación con camas por separado, respetando el deseo de ella, empezaron a hacer los planes de lo que harían durante su estadía.

Estuvieron varias horas dialogando sobre diferentes temas recostados en una de las dos camas que habían en la habitación. No hubo ningún tipo de intimidad entre ellos, no porque Esteban no lo quisiera—eso era lo más que deseaba—sino porque ella no lo permitió.

Por la noche, salieron a cenar y a disfrutar del lugar. Se sentaron en la barra del hotel y consumieron varios tragos. Más tarde, pasaron a un restaurante muy fino en el segundo piso del hotel donde degustaron una exquisita comida.

Ella no estaba acostumbrada a ingerir alcohol, los tragos que tomó le hicieron efecto y se mareó un poco.

De regreso a su cuarto a eso de media noche, ella se sentó en el balcón para fumarse un cigarrillo y observar la vista panorámica espectacular del lugar que se veía desde la habitación.

Esteban procedió a sentarse al lado de ella con la intención de acercarse a ella, de poderla acariciar, olvidando lo que le había prometido, porque, como hombre que era al fin, era lo que más deseaba. Pero sintió el rechazo de ella inmediatamente y se mantuvieron hablando.

Pasado un rato, él hace un nuevo intento por convencerla a ella de que aceptara sus caricias. Se ubicó en la parte de atrás de ella y comenzó a darle un masaje en el cuello, a lo cual ella no puso objeción.

En un momento dado, él ve que ella está enviando un mensaje a través de su teléfono celular. Logra leer el mensaje el cual iba dirigido a un hombre.

El mensaje era muy revelador y ella le expresaba a ese hombre que lo extrañaba, que le hacía mucha falta y que lo quería mucho.

Esteban muy calmado al leer el mensaje le comentó a ella.

—Raquel leí el mensaje que le enviaste a ese hombre y parece que esa persona es muy importante en tu vida.

—Leíste el mensaje.

—Lo pude leer porque tú no te diste cuenta y lo estabas escribiendo frente a mí. ¿Quién es él?.

—Es un hombre al que quise y quiero mucho, aunque nuestra relación terminó hace ocho años todavía mantenemos comunicación.

—Lo que tú le escribes es expresándole tu amor y lo mucho que lo necesitas.

—Pero entre nosotros actualmente no existe nada y sólo una buena amistad como la tuya y la mía.

—Eso no es lo que parece, porque prácticamente tú le estás mendigando un poco de amor de acuerdo al mensaje que le enviaste.

Ella empezó a llorar, según las lágrimas recorrían sus mejillas le iba dejando saber a Esteban lo difícil que se le ha hecho olvidar a ese amor.

—Jamás pensé que una mujer como tú, a quien tengo en un pedestal, estuviera pasando por esta situación, cuando sabes que no tiene futuro, porque él no te quiere ni te valora como mujer.

—Lo sé y soy una estúpida. Y no eres tú la única persona que me lo ha dicho.

Nuevamente salieron lágrimas de sus ojos, escuchando en la forma que Esteban le hablaba como lo hace un gran amigo. Esteban además le aconsejó sobre lo que debía hacer con ese amor que no le era correspondido. Aunque él estaba pasando por la misma situación que ella, le ofrecía todo su amor y ella no le valoraba ni correspondía.

La abrazó bien fuerte varias veces y le dijo lo mucho que la amaba, mas ambos se fueron a dormir en sus respectivas camas sin que ocurriera nada entre ellos.

Nada nuevo había ocurrido en el segundo día. Esteban se recostó junto a ella en su cama, le echó el brazo sobre el hombro y quiso tocarla y acariciarla. La amaba tanto y sentía un deseo inmenso de tener intimidad con ella y hacerla suya, pero ella reaccionó muy alterada y lo amenazó con irse del hotel.

—Te dije que entre nosotros no iba a ver ninguna intimidad y te lo dije de antemano antes de venir. Vine porque tú me prometiste que me ibas a respetar. Si no, me regreso para mi casa.

Esteban al escuchar lo que ella le dijo y sabiendo que estaba rompiendo su compromiso con ella, se alejó y decidió respetarla desde ese momento en adelante y no hacerle acercamientos sexuales pero le manifestó lo siguiente.

—No te entiendo. Tuve la leve esperanza de que actuarías como lo hiciste allá cuando te fui a visitar. Nos acariciábamos en muchas ocasiones, aunque sólo tuvimos intimidad una sola vez. Como allá te portaste tan diferente conmigo, siempre tuve la esperanza que cuando estuviéramos juntos acá, me ibas a corresponder, pero eres una mujer totalmente diferente y no me explico porqué actúas así.

—Eso estuvo muy mal de mi parte, porque te hiciste falsas esperanzas conmigo y sólo te puedo ofrecer una amistad incondicional.

—Pero me hice esas falsas esperanzas por la forma en que tú te portaste conmigo en Pensilvania. Es que no te puedo ver como una amiga. Es sumamente difícil para mí estar cerca de ti y no poder expresar ese inmenso amor que siento por ti.

—Lo siento, pero ya te dije mi sentir con relación a eso y no voy a cambiar de opinión.

Esteban se fue para su cama, no expresó palabra alguna, pero se sentía frustrado y un fracaso como hombre. Después de tanto tiempo que se relacionaba con ella y lo mucho que se desvivía por ella, no pudo lograr que ella lo viera como un hombre sino sólo como un amigo.

Los siguientes días compartieron mutuamente, pero él disimulaba su frustración y respetó su decisión de no hacerle acercamientos sexuales.

Esteban le había prometido darle un dinero para que pagara el estacionamiento de su carro en el aeropuerto y para que cubriera sus otras necesidades para el fin de mes.

Había tomado la decisión de no seguir con la relación con ella tan pronto regresara a su pueblo. De momento pensó en no darle el dinero para lo de carro y las otras cosas. Su amor por ella y quizás su amistad pudo más que la frustración que sentía como hombre y le dio el dinero porque sabía que ella lo necesitaba y contaba con esa ayuda porque ella no tenía para cubrir esos gastos.

El día del regreso de Raquel a su casa en el camino se detuvieron en un lugar para almorzar y hablaron de su situación. Ella le habló muy fuerte. Le recriminaba por lo que él le decía y le repitió lo que le había dicho anteriormente.

Esteban la escuchaba atentamente pero sentía un inmenso dolor en su corazón por cada una de las palabras que le decía ella.

Llegaron al aeropuerto a eso de las tres y media de la tarde, se despidieron con un fuerte abrazo. Nunca pudo darle aunque fuera un solo beso en sus labios y se quedó con ese deseo.

Durante el regreso de Esteban a su pueblo, pensaba en qué sucedería de ahora en adelante con su relación con Raquel. Jamás lograría que ella lo viera como un hombre que la amaba. Sólo lo vería como un amigo.

Las esperanzas que él tuvo de vivir un nuevo amor con esa chica que le dio clase hace treinta años se esfumaron en ese encuentro que tuvieron ellos dos, del cual Esteban esperaba algo diferente.

Se hacía infinidad de preguntas. Algunas se las contestaba, otras no. Nunca pudo comprender por qué Raquel era una mujer tan dura con sus sentimientos. Además, pudo conocer el carácter volátil que tenía, porque en varias ocasiones cuando él le hablaba de sus sentimientos y trataba de acariciarla, ella le respondía de una manera muy fuerte y sus palabras eran hirientes.

Para finalizar, la Raquel que Esteban conoció cuando la fue a visitar a los Estados Unidos, era totalmente diferente a la Raquel que vino a visitarlo a Puerto Rico.

Allá ella fue una mujer más atenta y cariñosa y acá fue totalmente diferente. ¿Por qué ese cambio? Esteban nunca supo la respuesta porque después de aquella despedida la comunicación entre ellos prácticamente desapareció y ya no hubo la misma confianza.

Decidió tomar la decisión y tratar de cortar toda relación con ella, porque se dio cuenta de que jamás lograría de Raquel ese amor que tanto buscaba. Otra de las cosas que se dio cuenta fue que él había sido muy condescendiente con ella y la llenó de detalles. Nunca recibió de ella ningún detalle hacia él, ni siquiera una frase bonita de cariño, a excepción de las 'gracias', que era lo único que le decía por los gestos de él.

Aunque todo lo que hacía por ella lo hacía de corazón y con la esperanza de conquistarla, le hubiera gustado tener algo que ella le regalara para conservarlo siempre y sentir su presencia.

Ella le prometió regalarle una cartera y él la esperaba con ansias porque al fin tendría algo que ella le obsequió. Sufrió una gran desilusión cuando ella le indicó que no había encontrado el tipo de cartera que él le había indicado y por lo tanto no pudo traérsela.

Estando en su casa, redactó una carta para Raquel, expresándole cómo se sintió como hombre los días que pasaron juntos y la desilusión que sufrió por no lograr que ella lo viera como el hombre que la amaba con locura.

Tomó la decisión de cortar todo tipo de comunicación con ella para tratar de olvidarla y así tener un poco de paz emocional y espiritual al no lograr ganarse su amor.

Treinta años después fue una quimera, fue un sueño imposible que Esteban se había forjado en su mente y que llegó a pensar que podía hacerse una realidad. Encontró en Raquel una barrera que se interpuso entre él y ese sueño que él deseó.

Esa barrera fue que se encontró con una mujer que, aunque maravillosa, era muy dura de sentimientos y que nunca supo valorar el gran amor que él le ofreció.

Quizás ella tuvo su propia quimera, cuando se enamoró de un hombre que no la respetó como mujer y no vio en ella la gran mujer que era. La dejó marcada para siempre y quizás eso hizo que ella cerrara su corazón a un nuevo amor.